AF144671

Jedem Kind ein Instrument

Ilka Hoffmann, Burkhard Wolters

Gitarre

Band 1

**herausgegeben von der Stiftung
Jedem Kind ein Instrument**

ED 20733

www.schott-music.com

Mainz · London · Berlin · Madrid · New York · Paris · Prague · Tokyo · Toronto

© 2010 SCHOTT MUSIC GmbH & Co. KG, Mainz · Printed in Germany

Die Gitarre

Genau wie du, hat die Gitarre
einen Kopf, einen Hals und einen Körper:

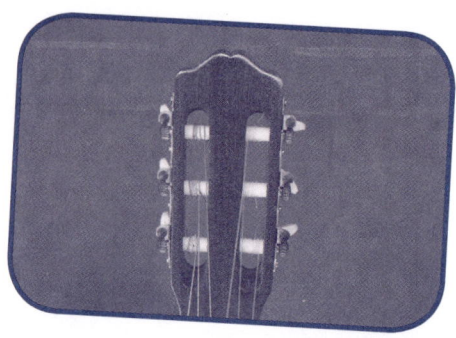

KOPF

Stimmmechanik
Wirbel
Saiten

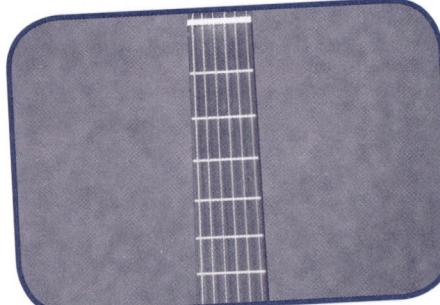

HALS

Griffbrett
Sattel
Bünde
Bundstäbchen

KÖRPER

Decke
Schallloch
Steg
Saitenhalter
Rand (Zargen)

Hier kannst du sehen, wie man die Gitarre am besten hält:

Die Saiten

Deine Gitarre hat sechs Saiten.

Die Saite ⑥ ist die dickste Saite und

die Saite ① ist die dünnste.

Biber und Bär

⑥⑤④③②①

Ü - ber Stei - ne bis zum Baum,   das geht   gut,   wie im Traum.

 Gehe den Weg des Bibers und sprich dabei den Spruch.
Der Stein  ist ein Schritt, der Baum  zwei Schritte lang.

Gehe den Weg des Bibers nach und schlage dazu alle Saiten
locker aus dem Handgelenk an. Lege zum Schluss deine rechte Hand
auf alle Saiten und dämpfe sie ab.

 Male einen Weg für den Bär in das Bild auf Seite 5.
Gehe und spiele den Weg des Bären.

In der Musik verwenden wir Noten anstatt Steine und Bäume.

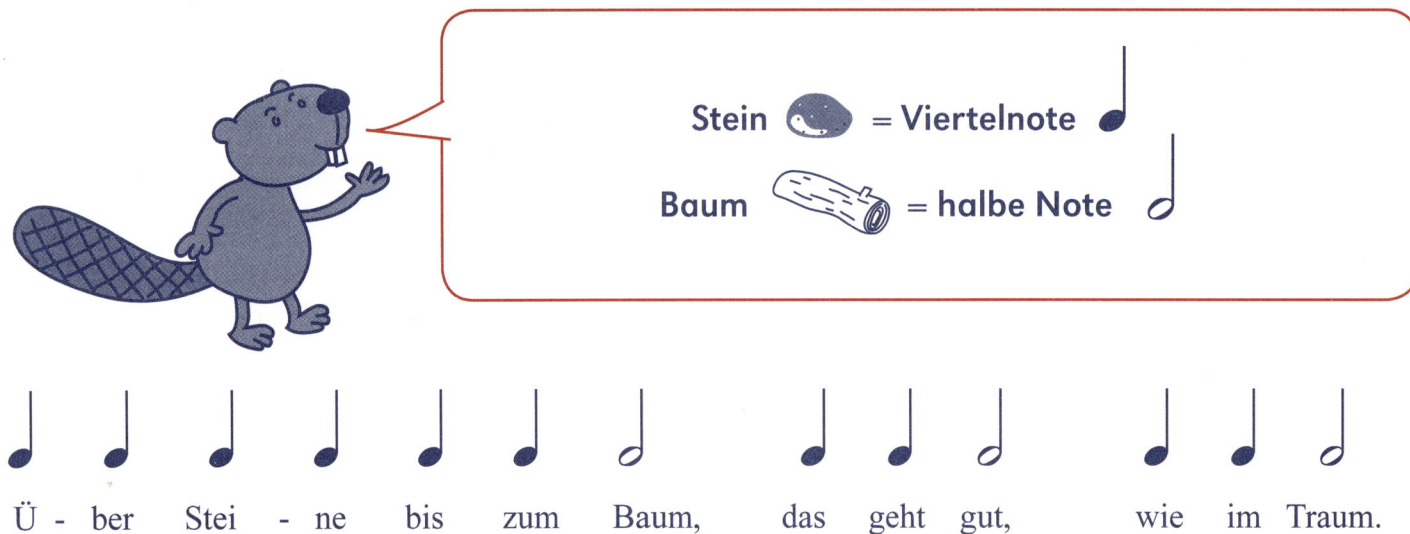

Stein = Viertelnote

Baum = halbe Note

Ü - ber   Stei - ne   bis   zum   Baum,   das   geht   gut,   wie   im   Traum.

 Denke dir einen eigenen Weg aus und schreibe ihn
dieses Mal mit Noten auf. Spiele den Weg.

Saitenklang

Sai - ten - klang,   klingt ganz lang.   Rech - te Hand drauf, hört er   auf.

 Sprich zuerst den Text und klatsche dazu.

 Jetzt kannst du „Saitenklang" auf deiner Gitarre spielen.
Schlage bei jeder Silbe alle Saiten locker aus dem Handgelenk an.
Lege zum Schluss deine rechte Hand auf alle Saiten und dämpfe sie ab.

Ich und du

 Sprich den Text und finde die passenden Noten dazu.
Wo kommen halbe Noten und wo kommen Viertelnoten hin?

 Schreibe die richtigen Noten auf und spiele sie auf deiner Gitarre.

Ich und du,   Mül - lers Kuh,   Mül - lers E - sel das bist du.

Für die Noten gibt es auch eine „Musiker-Geheimsprache":
Wir sprechen „ta" bei den Viertel Noten und „ta-o" bei den Halben!

Geheimsprache

ta   ta   ta-o,   kurz,   kurz,   lang.

ta   ta   ta-o,   Sai – ten – klang.

ta   ta   ta-o,   kurz,   kurz,   lang,

ta   ta   ta-o,   mit   Ge – sang.

Sprecht zusammen den Rap. Dazu könnt ihr „ta-ta-ta-o" klatschen,
auf der Gitarre anschlagen oder auf der Rückseite der Gitarre trommeln.

Versucht im Rhythmus von „ta ta ta-o" miteinander zu reden. Zum Beispiel so:

„Gu – ten   Tag!   Na,   wie   geht's?"   „Mir   geht's   gut,   Wie   geht's   dir?"

Das Notenhaus

Am Anfang einer Zeile steht immer ein Notenschlüssel.

Dieser 𝄞 heißt Violinschlüssel.

Zeichne den Notenschlüssel. Beginne in der Mitte.

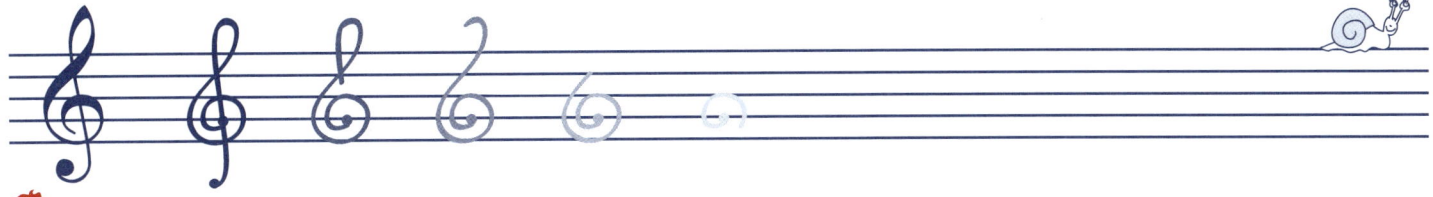

Singt zusammen dieses Lied:

Töne klettern

Text: Luise Schroeter

Tö - ne klet-tern auf der Lei - ter Schritt für Schritt bis ganz hi - nauf.

Auf den Li - nien und da-zwi-schen schrei-be ich die No - ten auf.

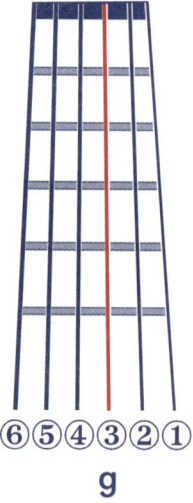

Die g-Saite

Die g-Saite ist die Saite ③ auf deiner Gitarre:
Mit der g-Saite spielst du den Ton g.

Der Ton g wird so
aufgeschrieben:

⑥⑤④③②①
g

Einzelne Töne auf der Gitarre schlagen wir zunächst mit dem Daumen an.
Mit den anderen Fingern halten wir uns an der Saite ① fest.

Lass deinen Daumen beim Anschlagen wie ein Windrad kreisen!

Gehe noch einmal den Weg des Bibers auf Seite 3 nach.
Spiele den Weg jetzt mit dem Daumen auf der g-Saite.
Spiele den Weg des Bibers danach auch auf anderen Saiten.

G wie Geister

Text: Burkhard Wolters

Gru - sel - geis - ter   gra - ben gern   gro - ße grau - e   Gru — ben.

Gu - te Geis - ter   ge - ben gern   gel - be Glo - cken - blu — men.

**Könnt ihr gruselige Geräusche zu den „Gruselgeistern" machen?
Wie klingen die guten Geister?**

**Schreibe oder male hier Tiere auf, die mit dem Buchstaben G anfangen.
Kannst du die Namen der Tiere auf der g-Saite spielen?**

9

Daumenball

Statt Fußball spielen wir Daumenball.

Bastel dir ein Papierkügelchen. Lege ein Buch oder ein Heft auf den Tisch. Stelle deine Finger an eine Seite des Buches, so dass deine Finger auf dem Tisch stehen und dabei die Buchkante berühren.

Lege das Papierkügelchen auf das Buch und versuche es mit deinem Daumen wegzuschießen. Die anderen Finger sollen dabei an der Buchkante stehen bleiben.

 Du kannst Daumenball auch mit deinen Freunden spielen: Wer kann das Kügelchen am weitesten schießen?
Wer kann am besten zielen?

Kennst du das Tier?

Text: Ilka Hoffmann

Hat kein Fell, ist ganz klein, ei - ne Tü - te ist sein Heim.

Süß und bunt, schmilzt im Mund, muss ein ... - ... - ... - ... sein.

 Welches Tier ist gemeint?

Die d-Saite

Die d-Saite ist die Saite ④ auf deiner Gitarre.

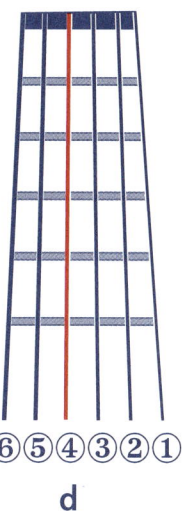

⑥⑤④③②①

d

Der Ton d wird so
aufgeschrieben:

Welche Saitenzahl hat die d-Saite? Welche Saitenzahl hat die g-Saite?
Schreibe die Lösungen hier auf:

d =   g =

D wie Drachen

Text: Burkhard Wolters

Durch den dunk - len   Dra - chen - wald   dröhnt des Dra - chens   Don - ner - hall.

Dra - chen - da - men   den - ken dann: "Da dröhnt doch der   Dra - chen - mann."

Spiele den Drachen-Donnerhall. Wie klingen die Drachendamen?

Notenrätsel

Hier fehlen Noten. Sprich den Text und trage die fehlenden d-Noten ein. Jetzt kannst du das Lied spielen.

Punkt, Punkt, Kom - ma, Strich, fer - tig ist das Mond - ge - sicht.

Bruder Jakob

Ihr kennt bestimmt das Lied „Bruder Jakob". Singt es zusammen. Das Lied kommt aus Frankreich und wird auf der ganzen Welt in vielen Sprachen gesungen.

in Deutschland:

Bruder Jakob, Bruder Jakob,
schläfst du noch, schläfst du noch?
Hörst du nicht die Glocken, hörst du nicht die Glocken?
Ding, dang, dong, ding, dang, dong.

in der Türkei:

Tembel çocuk, tembel çocuk,
Haydi kalk, haydi kalk!
Artık sabah oldu, artık sabah oldu,
Gün doğdu, gün doğdu.

In welcher Sprache kennst du das Lied noch? Schreibe den Text hier auf!

Zur Begleitung des Liedes kannst du den folgenden Rhythmus trommeln oder klatschen:

Die Taktart „4/4-Takt"

Vor jedem Musikstück steht eine Taktangabe, z.B.

Die Taktangabe „4/4-Takt" zeigt dir,
dass in jeden Takt vier Viertelnoten passen.

1 Waggon = 1 Takt

4 Steine in einem Waggon = ein 4/4 Takt

Der Viertelnoten-Zug

Text: Burkhard Wolters

| ta ta ta ta, | oh - ne En - de | fahr'n die Vier - tel | durch's Ge- län- de, |

| ta ta ta ta, | fahr'n durch Bay-ern, | ist das nicht ein | Grund zum Fei-ern? |

 In jeden Takt passen vier Viertelnoten.
Trage in der Notenreihe die fehlenden Taktstriche ein.

Flimm, der Floh

Flimm, der Floh springt zwischen zwei Grashalmen hin und her.
Erst langsam, dann immer schneller.
Dann wird er müde und immer langsamer,
bis er aufhört.

 Spiele mit deinem Daumen die Geschichte von Flimm auf der Gitarre nach.
Lass deinen Daumen zwischen der g- und der d-Saite hin und her springen!

Melodie und Text: Burkhard Wolters

Flimm - Flomm, Flimm-Flomm-Floh, Flimm, der Floh ist heut' so froh.

Flimm - Flomm, springt der Floh, auch mein Dau - men macht das so.

Gut gemacht

Melodie und Text: Burkhard Wolters

g g d, gut ge - dacht! g g d, gut ge - macht!

d d g, das war gut! d d g, das macht mir Mut.

Glockenklang

Melodie und Text: Burkhard Wolters

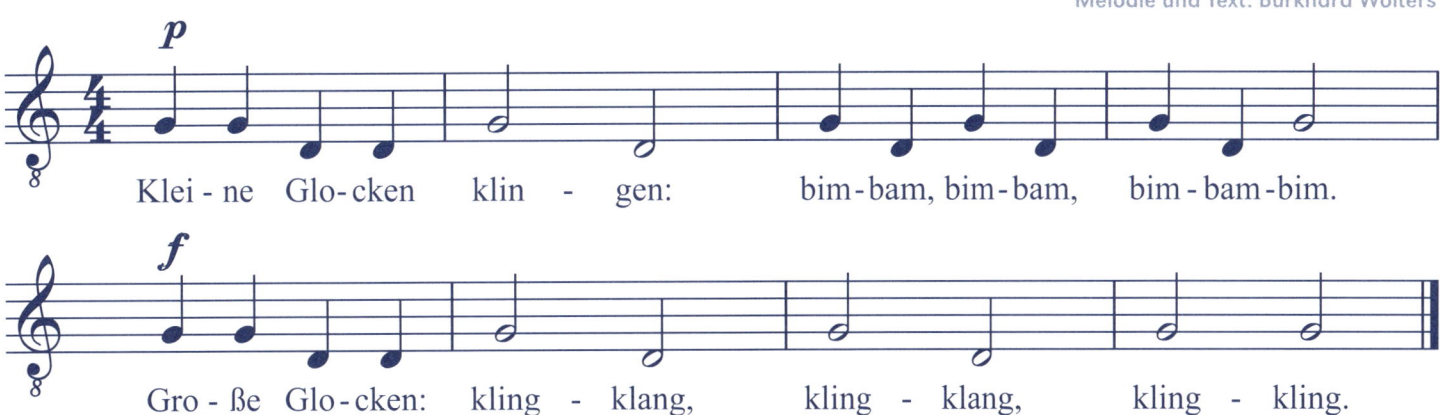

Klei - ne Glo - cken klin - gen: bim - bam, bim - bam, bim - bam - bim.

Gro - ße Glo - cken: kling - klang, kling - klang, kling - kling.

 Lass die kleinen Glocken leise und die großen Glocke laut klingen.

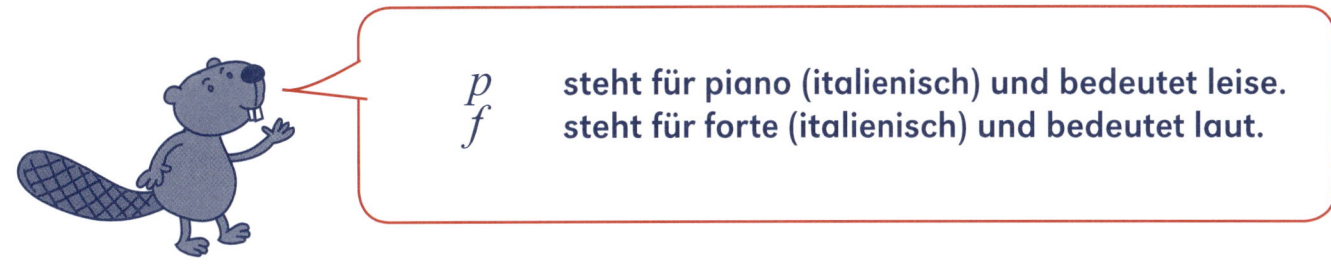

p steht für piano (italienisch) und bedeutet leise.
f steht für forte (italienisch) und bedeutet laut.

Zu dem Lied kanst du folgenden Rhythmus trommeln oder klatschen:

Der halbe Noten-Zug

Text: Burkhard Wolters

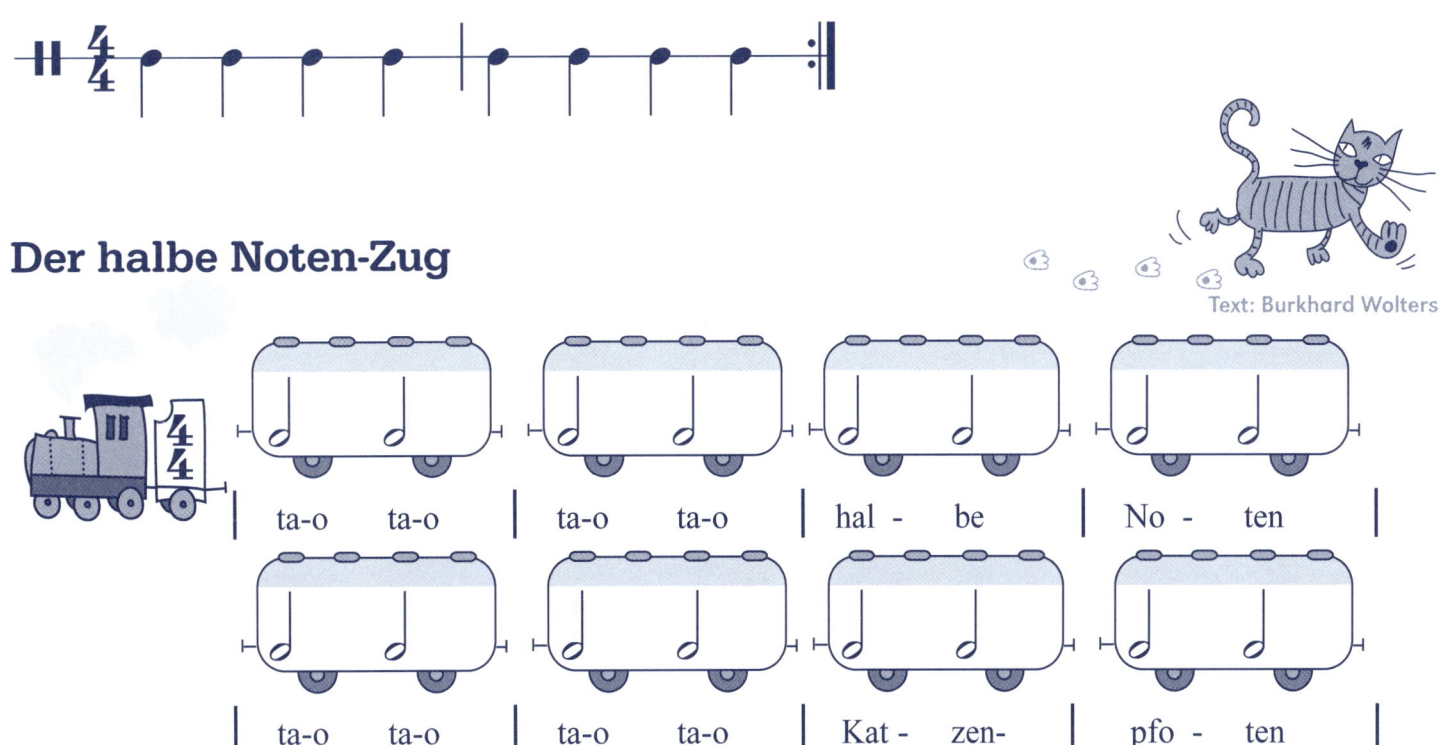

| ta-o ta-o | ta-o ta-o | hal - be | No - ten |
| ta-o ta-o | ta-o ta-o | Kat - zen- | pfo - ten |

Die A-Saite

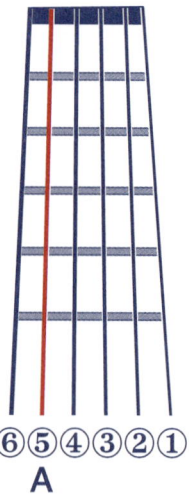

 Die A-Saite ist die Saite ⑤ auf deiner Gitarre.

Der Ton A wird so aufgeschrieben:

⑥⑤④③②①
A

 Welche Saitenzahl hat die d-Saite, welche Saitenzahl hat die g-Saite, und welche Saitenzahl hat die A-Saite? Schreibe die Lösungen hier auf:

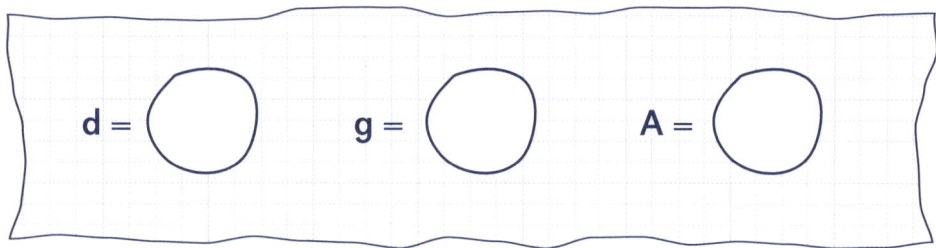

d = ◯   g = ◯   A = ◯

Abends auf der Autobahn

Text: Burkhard Wolters

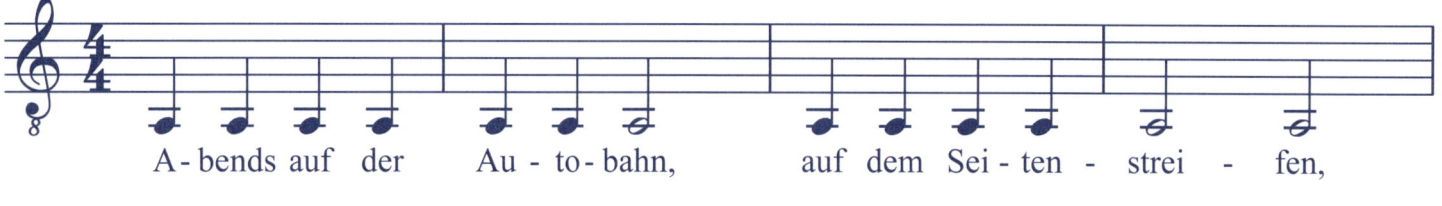

A - bends auf der   Au - to - bahn,   auf dem Sei - ten - strei - fen,

a - ßen Au - to - fahr - er Aal aus   al - ten Au - to - rei - fen.

Das Autobahn-Spiel

Auf der Autobahn fahren viele verschiedenen Fahrzeuge:
große und kleine, schnelle und langsame.
Welche Geräusche machen die Fahrzeuge?
Suche auf der Gitarre passende Töne dazu.

 Kennst du Länder oder Erdteile, die mit dem Buchstaben A anfangen?
Hier kannst du sie aufschreiben:

Flemm, der Floh

Der größere Bruder von Flimm dem Floh
heißt Flemm. Er springt zwischen zwei dickeren
Grashalmen hin und her.

Melodie und Text: Burkhard Wolters

Flemm - Flomm,   Flemm-Flomm-Floh,   Flemm, der Floh ist heut' so froh.

Flemm - Flomm,   springt der Floh,   auch mein Dau - men macht das so.

© 2010 Schott Music GmbH & Co. KG, Mainz

Hejo, spann den Wagen an

 Das Lied ist in zwei Zeilen aufgeschrieben: In der ersten Zeile stehen Melodie und Text zum singen. In der zweiten Zeile steht die Begleitung für die Gitarre.

He - jo, spann den Wa gen an, denn der Wind treibt

Re - gen ü - ber's Land! Holt die gold'- nen Gar - ben, holt die gold'- nen Gar - ben!

Das Wiederholungszeichen 𝄇 zeigt dir:

Spiele das Stück zweimal.

 Dieses Lied kann man so oft wiederholen, wie man mag.

Zu dem Lied kannst du folgenden Rhythmus trommeln oder klatschen:

Jetzt kannst du schon die letzten zwei Takte des Liedes
„Bruder Jakob" auf deiner Gitarre spielen.
Singt noch mal das Lied „Bruder Jakob".
Das ganze Lied könnt ihr jetzt mit „Ding-Dang-Dong" auf der Gitarre begleiten.

Ding, dang, dong.   Ding, dang, dong.

Flamm, der Floh

Flamm heißt der größere Bruder von
Flimm und Flemm. Der kann schon
über einen Grashalm hinweg springen.
Kannst Du das auch?

Lass deinen Daumen zwischen der g- und der A-Saite hin und her springen.

Melodie und Text: Burkhard Wolters

Flamm - Flomm, Flamm - Flomm - Floh, Flamm, der Floh ist heut' so froh.

Flamm - Flomm, springt der Floh, auch mein Dau - men macht das so.

Jetzt kannst du auch das Lied „Töne klettern" auf deiner Gitarre begleiten:

Text: Luise Schroeter

Tö - ne klet - tern auf der Lei - ter Schritt für Schritt bis ganz hin - auf.

Auf den Li - nien und da - zwi - schen schrei be ich die Tö - ne auf.

Komm, wir spielen Rock and Roll

Melodie und Text: Burkhard Wolters

Rock and Roll klingt so toll, komm, wir spie - len Rock and Roll!

Rock and Roll klingt so toll, komm, wir spie - len Rock and Roll!

Rock and Roll klingt so toll, komm, wir spie - len Rock and Roll!

 Das Lied hat auch ein Wiederholungszeichen.

 Zum Lied kannst du diesen Rhythmus trommeln oder klatschen.

 Du kennst jetzt schon die Töne g, d und A.
Erfinde mit diesen Tönen ein Lied zum Text „Liebe Mama hör mich an".
Wenn du Musik erfindest, nennt man dies: komponieren.
Als Erfinder heißt du dann auch: Komponist.

Liebe Mama, hör mich an

Melodie ....

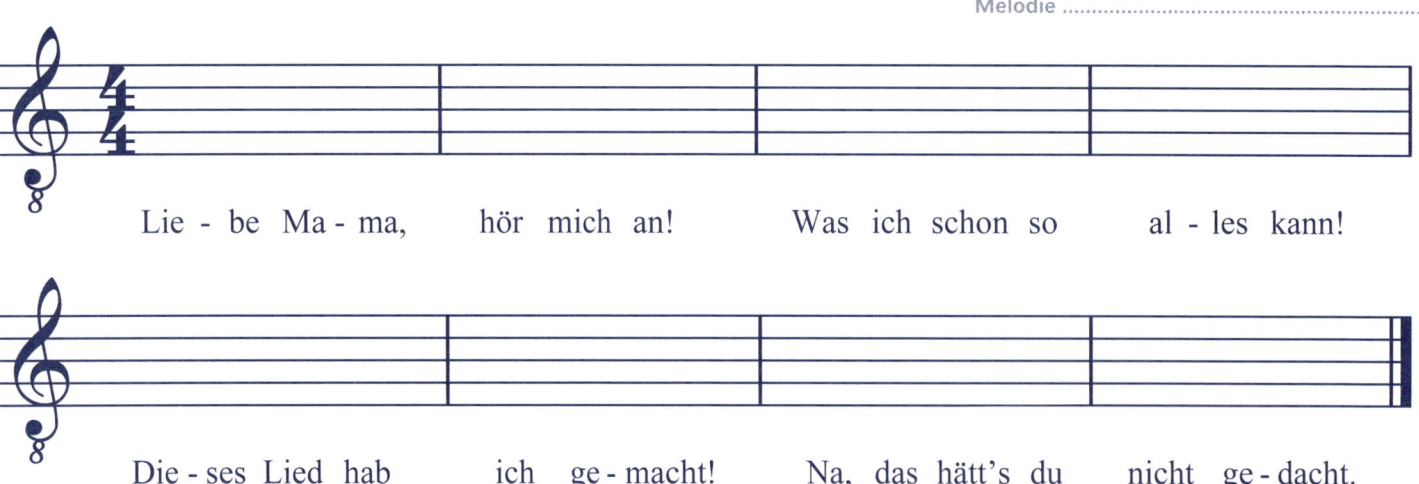

Lie - be Ma - ma, hör mich an! Was ich schon so al - les kann!

Die - ses Lied hab ich ge - macht! Na, das hätt's du nicht ge - dacht.

Die Viertelpause

Die Viertelpause ♩

Eine Viertelpause ♩ dauert genau so lange,

wie eine Viertelnote ♩ klingt.

In der Musiker-Geheimsprache flüstern wir „still" bei der Viertelpause.

Der Viertelpausen-Zug

Text: Burkhard Wolters

| ta, still, ta, still, | ta, still, ta, still, | weißt du, was die | Pau - se will? (still) |

| ta, still, ta, still, | ta, still, ta, still, | mit Freund Bill zum | Dö - ner - grill. (still) |

Denk daran, das Wort „still" zu flüstern!

Sucht euch eine Saite aus, auf der ihr den „Viertelpausen-Zug" spielen wollt.
In den Pausen muss auch die Gitarre ganz still sein!
Man darf nichts hören!

Dämpfe in jeder Viertelpause den Ton ab.

Stopp, stopp, Polizei

Melodie und Text: Burkhard Wolters

Stopp, stopp, Po - li - zei! Kei - ner kommt an mir vor - bei!

Halt, halt, blei - be stehn! Hier darf kei - ner wei - ter - gehn!

Die linke Hand

Die Finger der linken Hand greifen Töne auf dem Griffbrett.

▼ Sie werden kurz vor die Bundstäbchen aufgesetzt, dann klingt der Ton schön klar.

▼ Der Daumen bleibt gestreckt hinter dem Griffbrett.

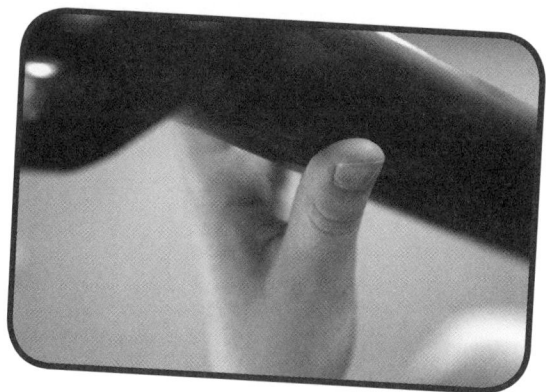

Die Finger drücken die Saiten mit der Kuppe. ▶

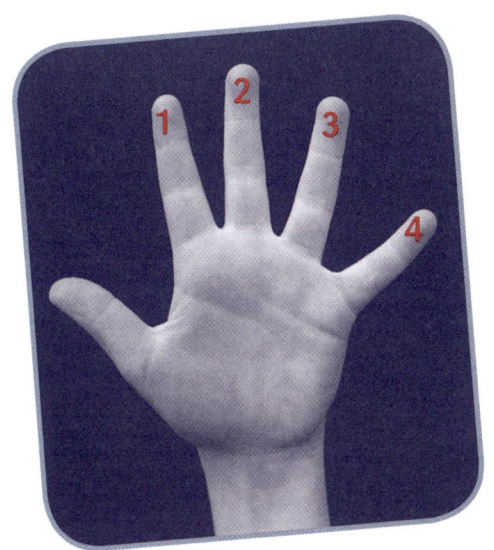

Der Ton f

Wir bezeichnen die Finger mit Zahlen:

1 = Zeigefinger
2 = Mittelfinger
3 = Ringfinger
4 = Kleiner Finger

 Den Ton f greifen wir mit dem Mittelfinger der linken Hand im 3. Bund auf der d-Saite.

So wird das f
aufgeschrieben:

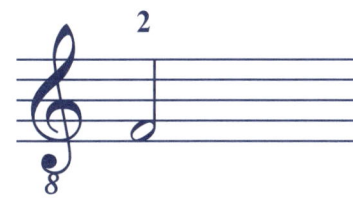

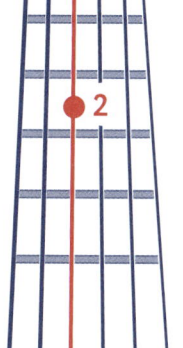

 Kennst du Namen, die mit F beginnen?
Hier kannst du sie aufschreiben:

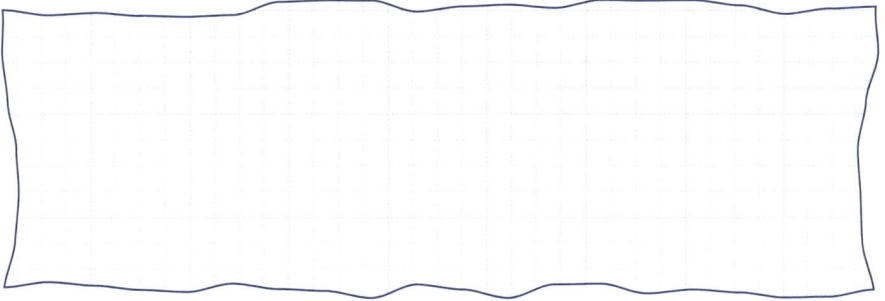

Fühlst du das?

Melodie und Text: Burkhard Wolters

f   f   d,   fühlst du das?   f   f   d,   das macht Spaß!

d   d   f,   hab   nur Mut!   d   d   f,   das   machst du gut!

Der 3/4 Takt

Die Taktangabe **3/4** zeigt dir, dass in jeden Takt drei Viertelnoten passen.

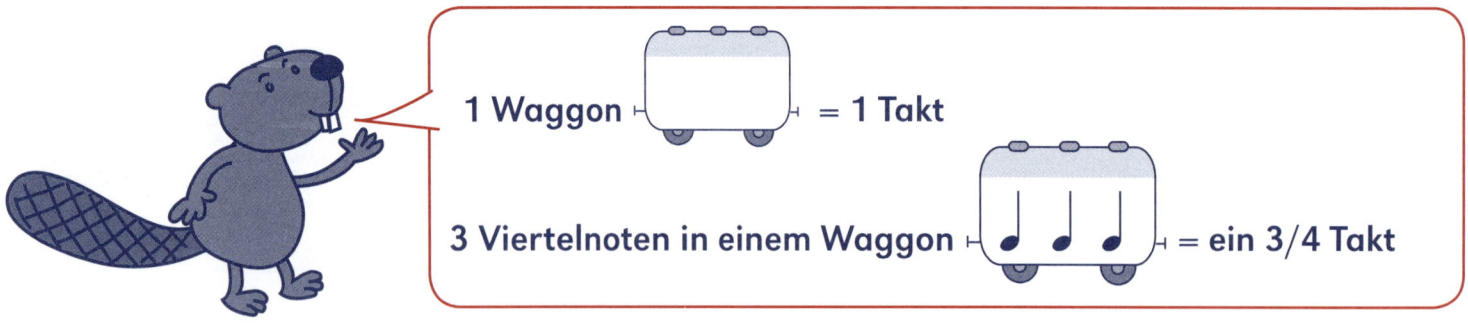

1 Waggon = 1 Takt

3 Viertelnoten in einem Waggon = ein 3/4 Takt

Walzerschritt

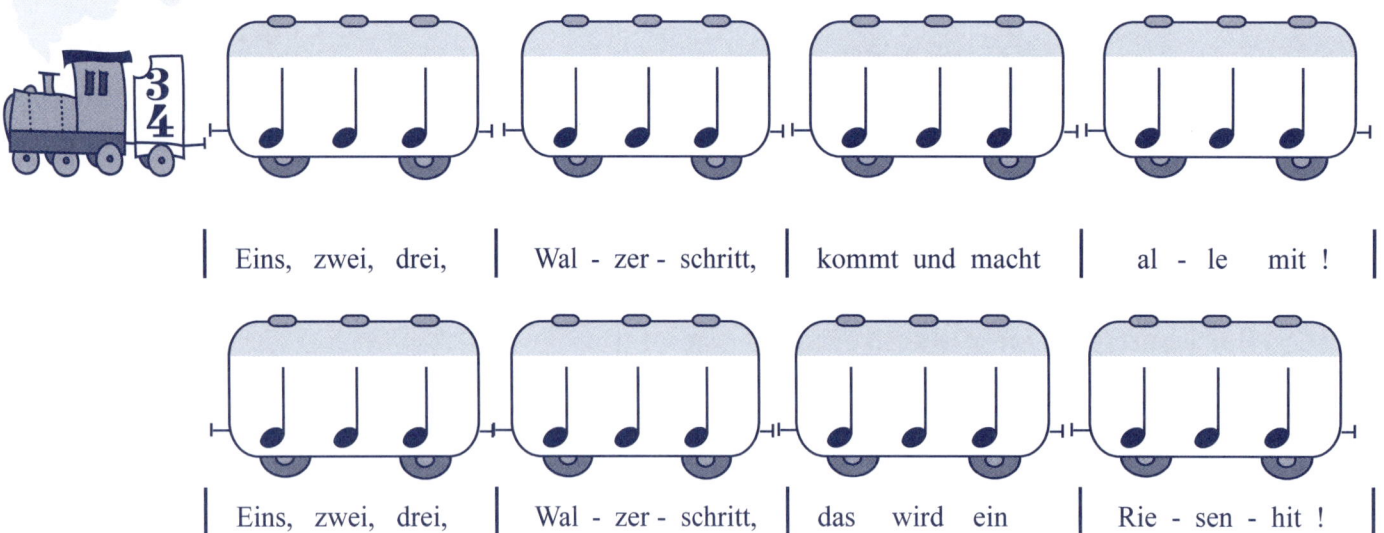

| Eins, zwei, drei, | Wal - zer - schritt, | kommt und macht | al - le mit ! |

| Eins, zwei, drei, | Wal - zer - schritt, | das wird ein | Rie - sen - hit ! |

Begleite den „Walzerschritt" mit „Patsch-pitsch-pitsch":
einmal auf die Schenkel, zweimal in die Hände klatschen

Patsch - pitsch - pitsch,   patsch - pitsch - pitsch.

Walzerschritt

Melodie: Burkhard Wolters; Text: Michael Dartsch

Eins, zwei, drei, Wal - zer - schritt, kommt und macht al - le mit.

Eins, zwei, drei, Wal - zer - schritt, das wird ein Rie - sen - hit!

In jeden Takt passen drei Viertelnoten.
Trage in der Notenreihe die fehlenden Taktstriche ein.

Winterwind und Wüstenwind

Melodie und Text: Burkhard Wolters

Wir - beln - der Win - ter - wind, dort wo die Eis - bär'n sind.

Wir - beln - der Wüs - ten - wind, wo die Ka - me - le sind.

Die Dreiviertelnote

Die Dreiviertelnote 𝅗𝅥.

Die Dreiviertelnote ist so lang wie ein Baum und ein Stein zusammen:

🪵 + ⚫ = 𝅗𝅥.

In der Musiker-Geheimsprache sprechen wir „ta-o-a" bei der Dreiviertelnote.

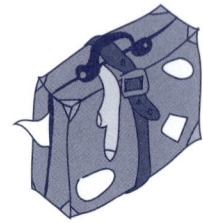

Bummelzug

Text: Burkhard Wolters

| ta - o - a, | ta - o - a, | Bum - mel - | zug, |

| ich krieg vom | Rei - sen | nie ge - | nug. |

| ta - o - a, | ta - o - a, | durch die | Welt, |

| so rei - sen | wir mit | we - nig | Geld. |

Der Auftakt

 Der Auftakt steht am Anfang eines Musikstücks und ist ein unvollständiger Takt. Zusammengerechnet mit dem letzten Takt ergibt er einen vollständigen Takt.

Es war eine Mutter

Melodie und Text: überliefert

1. Es war ei - ne Mut - ter, die hat - te vier Kin - der, den

Früh - ling, den Som - mer, den Herbst und den Win - ter.

2. Der Frühling bringt Blumen, der Sommer den Klee,
der Herbst, der bringt Trauben, der Winter den Schnee.

3. Und wie sie sich schwingen im Jahresreih'n,
so tanzen und singen wir fröhlich darein.

 Zu dem Lied kannst du folgenden Rhythmus trommeln oder klatschen:

Ich geh mit meiner Laterne

Melodie und Text: überliefert

Ich geh mit mei-ner La-ter - ne, und mei-ne La-ter-ne mit mir. Dort

o - ben leuch-ten die Ster - ne, hier un-ten da leuch-ten wir. Ein

Lich-ter-meer zu Mar-tins Ehr', Ra-bim-mel, ra-bam-mel, ra-bomm. Ein bomm.

 Spiele beim ersten Durchgang, was unter der ersten Klammer steht.

Beim zweiten Durchgang spielst du anstatt der 1. Klammer in dieser 2. Klammer weiter.

 Zu dem Lied kannst du folgenden Rhythmus trommeln oder klatschen:

Der Ton e

Den Ton e greifen wir mit dem Zeigefinger im 2. Bund auf der d-Saite.

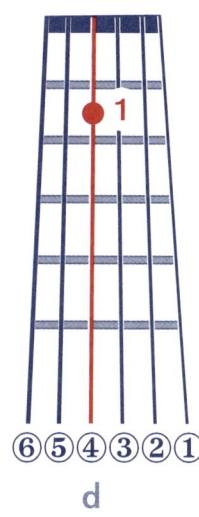

e

So wird das e aufgeschrieben:

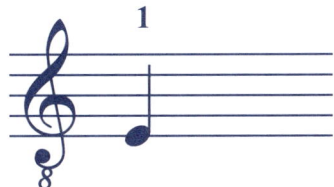

Die Gitarren klingen

Melodie und Text: Burkhard Wolters

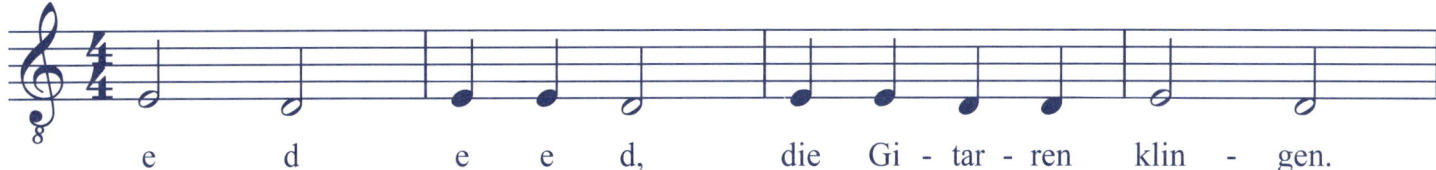

e   d   e   e   d,   die Gi - tar - ren   klin - gen.

d   e   d   d   e,   lasst uns da - zu   sin - gen.

© 2010 Schott Music GmbH & Co. KG, Mainz

Lecker Obst

Melodie und Text: Burkhard Wolters

Le - cker Obst, Ge - mü - se   von der grü - nen   Wie - se

kann ich je - den   Tag ver - tra - gen,   das ist gut für   mei - nen Ma - gen.

© 2009 Schott Music GmbH & Co. KG, Mainz

Ihr Kinderlein kommet

Melodie: Johann Abraham Peter Schulz (1747–1800)
Text: Christoph von Schmid (1768–1854)

Ihr Kin - der - lein kom - met, oh kom - met doch all. Zur

Krip - pe her kom - met in Beth - le - hems Stall. Und

seht, was in die - ser hoch - hei - li - gen Nacht der

Va - ter im Him - mel für Freu - de uns macht!

Zu dem Lied kanst du folgenden Rhythmus trommeln oder klatschen:

Alle Jahre wieder

Melodie: Friedrich Silcher (1789–1860)

Text: Wilhelm Hey (1789–1854)

Al - le Jah - re wie - der kommt das Chris - tus - kind

auf die Er - de nie - der, _ wo wir Men - schen sind.

Zu dem Lied kanst du folgenden Rhythmus trommeln oder klatschen:

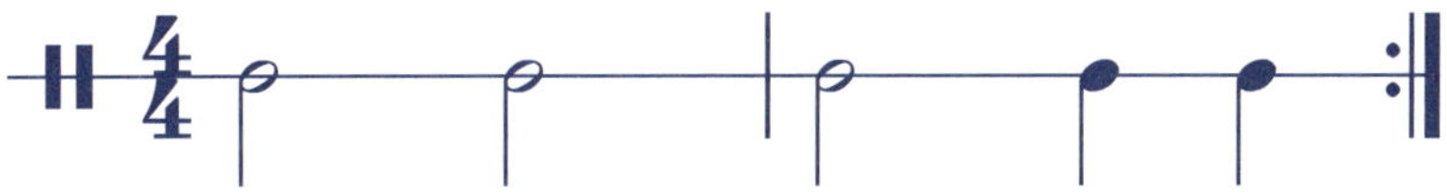

Klanggeschichte: Eine Reise im Winter

Schaut euch die Bildgeschichte an. Erfindet Klänge und Töne zur Geschichte.

Schneeflöckchen

Melodie und Text: überliefert

Schnee - flöck - chen, Weiß - röck - chen wann __ kommst du ge - schneit? Du __

wohnst in den Wol - ken, dein __ Weg ist so weit.

Zu dem Lied kannst du folgenden Rhythmus trommeln oder klatschen:

Achterbahn

Melodie und Text: Burkhard Wolters

Ach - ter - bahn, Ach - ter - bahn, so fährt nur die Ach - ter - bahn:

Stei - le Kur - ven rauf und run - ter, das macht al - le Leu - te mun - ter.

Ach - ter - bahn, Ach - ter - bahn, so fährt nur die Ach - ter - bahn.

Mittel- und Zeigefinger auf der Wippe

**Könnt ihr zu zweit eine Wippe bilden,
wie die Kinder auf dem Bild?**

Text: Michael Dartsch

Wip - pen, wip - pen, hin, her, her, hin,

und dann auch mal schnel-ler wip-pen, bis ich rich-tig schwind-lig bin.

Wer will Köln sehn?

Melodie und Text: Burkhard Wolters

solo: d e f e, wer will Köln seh'n?

tutti: f e d d, wir woll'n Köln seh'n!

**Bei „solo" spielt einer alleine. Bei „tutti" spielen alle zusammen.
Wer spielt ein Solo? Bei dem Lied könnt ihr euch abwechseln.**

So könnt ihr das Lied begleiten:

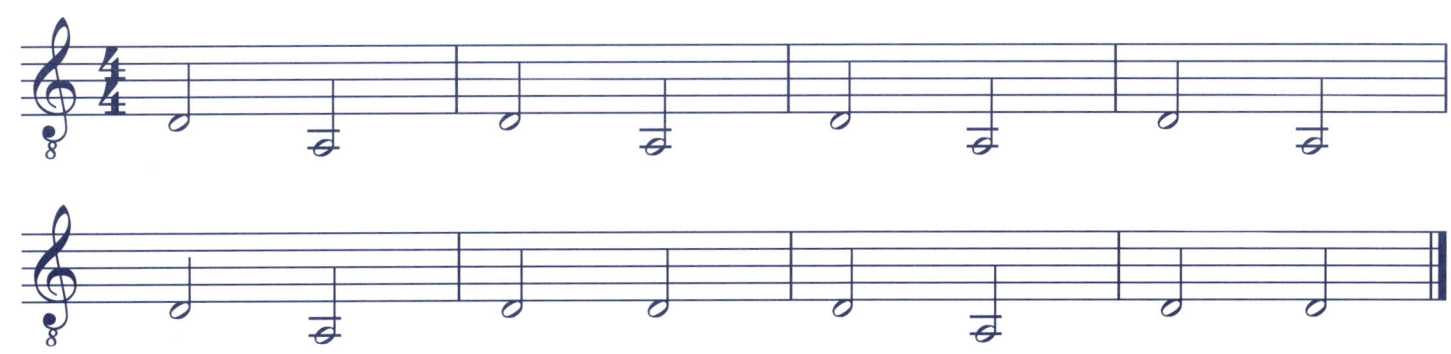

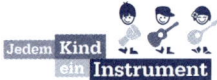

Regenlied

Melodie und Text: Rainer Butz

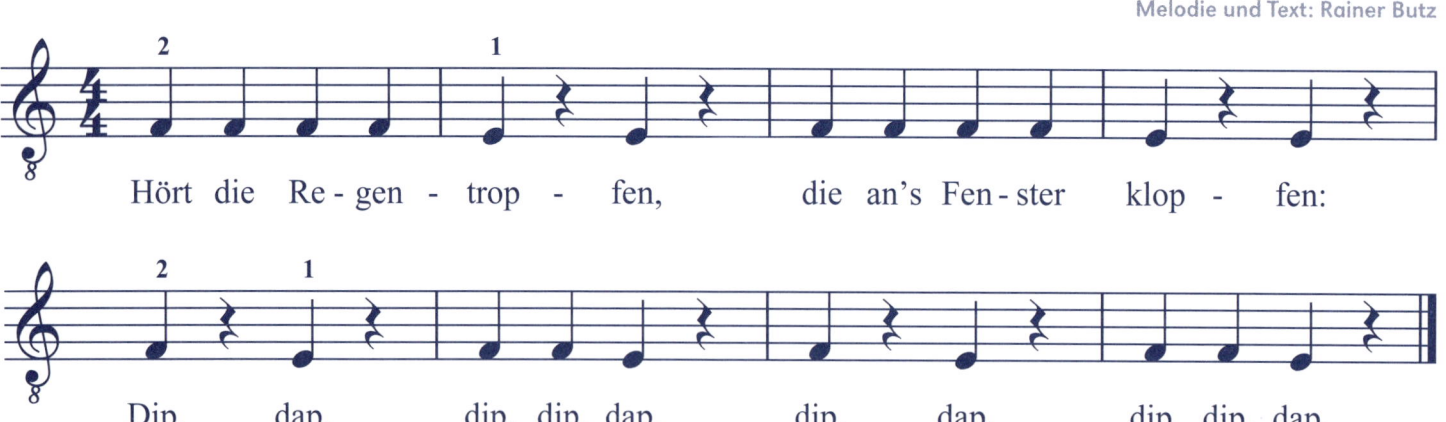

2
1
Hört die Re - gen - trop - fen, die an's Fen - ster klop - fen:
2
1
Dip, dap, dip, dip, dap, dip, dap, dip, dip, dap.

Achte im Regentropfenlied auf die Pausen!

So könnt ihr das Lied begleiten:

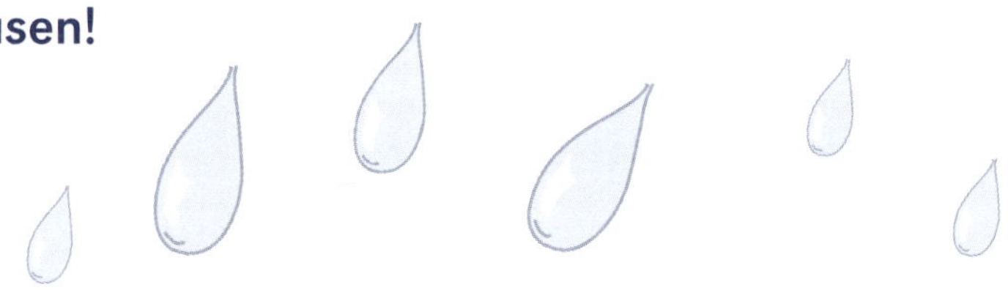

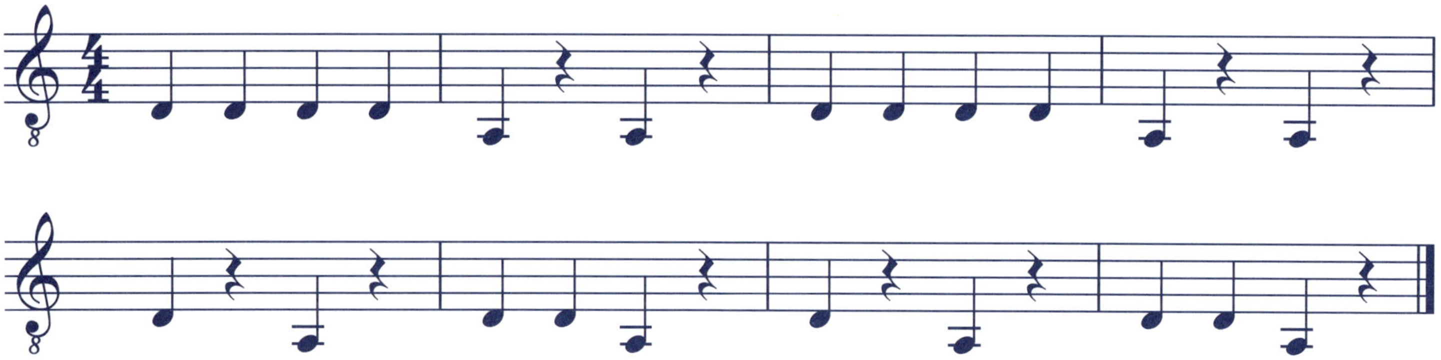

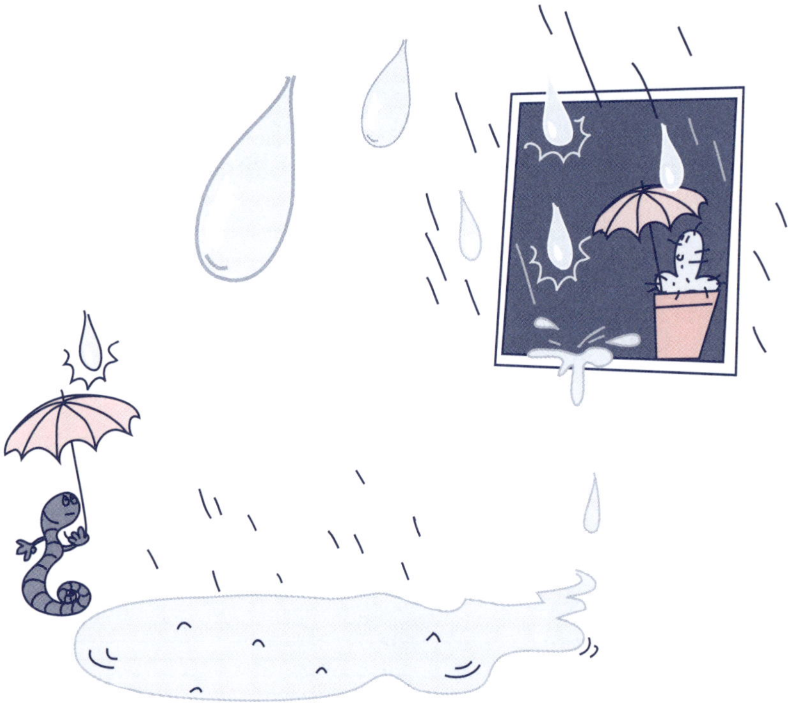

Notenrätsel

Schreibe zuerst die richtigen Noten auf. Dann kannst du das Lied spielen.

Gib mir bitte mal ein g!

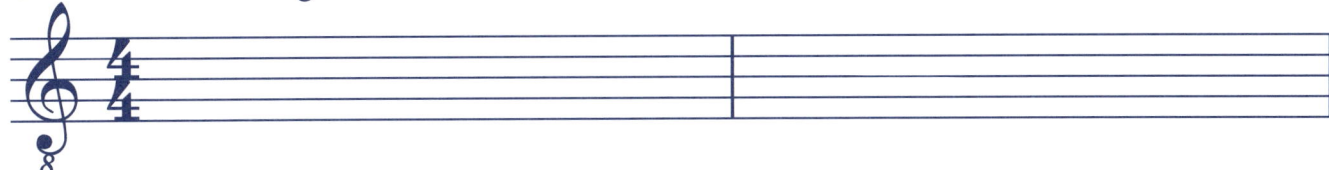

Ger - ne doch, gar kein Pro - blem!

Denkst du, auch das d wird geh'n?

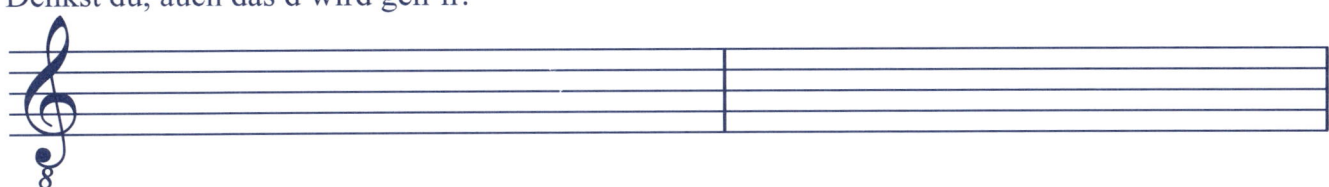

Durch und durch im Hand um - dreh'n.

Aber kannst du auch das A?

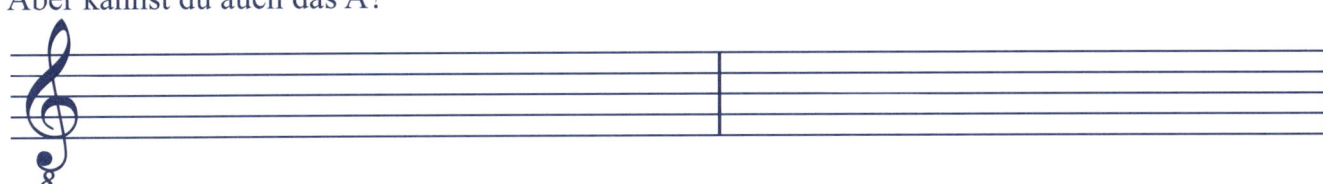

A - ber si - cher, a - ber klar!

Spiel das f und du bist Chef!

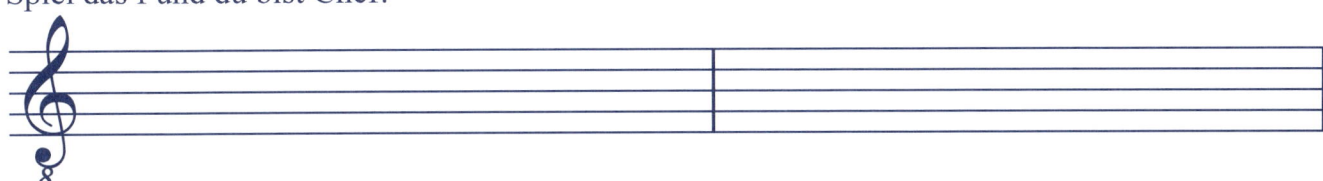

Fein, dass ich es rich - tig treff!

Endlich kommt zum Schluss das e.

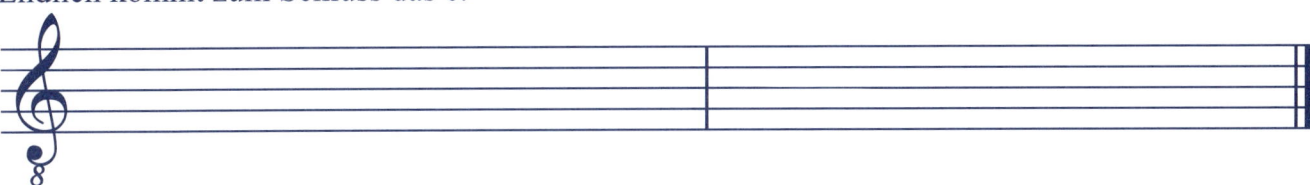

Ehr - lich, es klingt echt o - kay.

Die halbe Pause

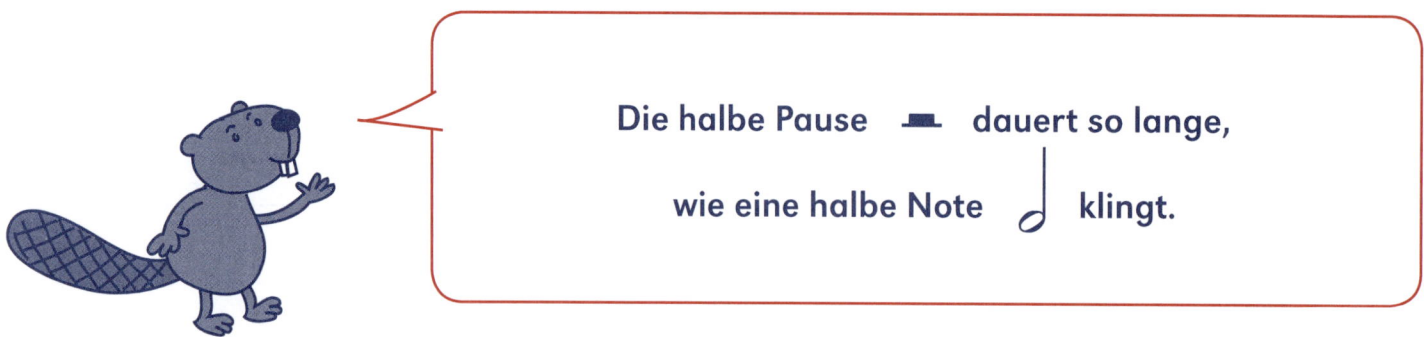

In der Musiker-Geheimsprache flüstern wir „Pau-se" bei der halben Pause.

Der halbe Pausen-Zug

Text: Burkhard Wolters

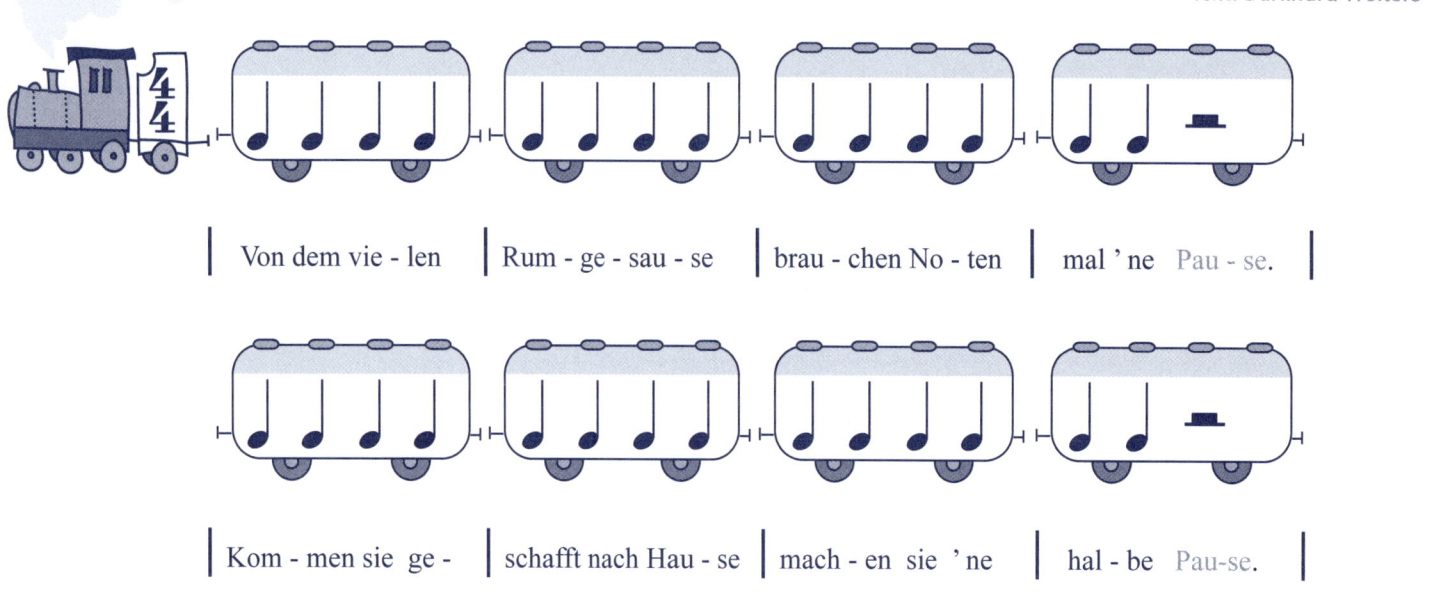

| Von dem vie - len | Rum - ge - sau - se | brau - chen No - ten | mal 'ne Pau - se. |

| Kom - men sie ge - | schafft nach Hau - se | mach - en sie 'ne | hal - be Pau-se. |

König Einsam

Melodie und Text: Burkhard Wolters

1. Lau - schet mei - nen Wor - ten, von dem fer - nen Land,

hoch im dunk - len Nor - den, wild und un - be - kannt.

2. Dort lebte ein König,
der sehr einsam war.
Freunde kamen wenig,
nur einmal im Jahr.

3. Mussten Karten spielen,
nachts bis um halb drei.
König musste siegen,
machte sonst Geschrei.

4. Schließlich kam gar keiner
mehr zum Königshaus.
König blieb alleine,
der Besuch blieb aus.

5. Ist er nicht gestorben,
ist er jetzt steinalt.
Hoch im dunklen Norden,
wird ihm langsam kalt.

Klanggeschichte „Ritterburg"

Was seht ihr alles auf diesem Bild?
Welche Klänge und Töne passen zu dem Bild?

„Du bist in meiner Burg. Welche Geräusche und Klänge hörst du? Mache sie auf deinem Instrument nach."

Komponieren macht viel Spaß

Du kennst jetzt schon die Töne A, d, e, f und g.
Versuche mit diesen Tönen ein Lied zum folgenden Text zu komponieren.
Überlege dir die Töne und schreibe sie auf.

Kom - po - nie - ren   macht   viel   Spaß,

ich   tu's   im - mer   wie - der.

Lie - ber   Pa - pi,   hörst   du   das?

Ich   schreib   schö - ne   Lie - der.

Komponist/in: ....

Spiel den Blues

Melodie und Text: Burkhard Wolters

Spiel den Blues, komm, spiel den Blues, spiel den Blues mit mir!

Spiel den Blues, komm spiel den Blues, spiel den Blues mit mir!

Spiel den Blues, Spiel den Blues, Spiel den Blues mit mir! mir!

JeKi macht viel Spaß

Melodie und Text: Burkhard Wolters

Je - Ki macht viel Spaß, wir spiel'n coo - le Lie - der.

Leu - te, hört ihr das? Wir spiel'n im - mer wie - der.

Fülle die Waggons mit ♩ , ♩ und 𝄽 und ▬ auf.

Der Ton fis

Den Ton fis greifen wir mit dem Ringfinger
im 4. Bund auf der d-Saite.

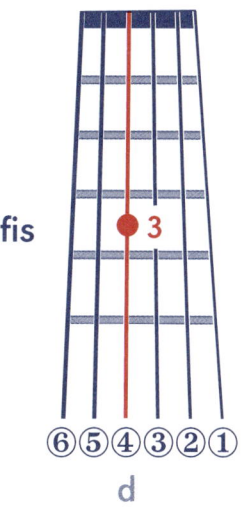

fis

d

Das fis klingt anders als das f.
Spiele einmal f mit dem Mittelfinger
und dann fis mit dem Ringfinger.
Hörst du den Unterschied?
Vor der Note steht ein Kreuz-Vorzeichen.

So wird das fis
aufgeschrieben:

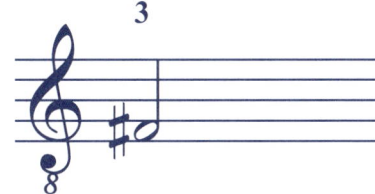

Das f im Fischernetz

Melodie und Text: Burkhard Wolters

Kommt das f ins Fisch - er - netz, heißt es plötz - lich fis.

Mei - ne Oh - ren sind per - plex, wie klingt pötz - lich dies?

Fisch?

Fiese Fische

Melodie und Text: Burkhard Wolters

Fie - se Fi - sche fres - sen dich, schwimmst du zu weit raus.

D'rum ver - lass das U - fer nicht und komm schnell nach Haus!

Ring- und Zeigefinger auf der Wippe

Text: Michael Dartsch

Wip - pen, wip - pen, hin, her, her, hin,

und dann auch mal schnel-ler wip-pen, bis ich rich-tig schwind-lig bin.

Fischers Fritz

Melodie: Burkhard Wolters
Text: überliefert/Burkhard Wolters

Fisch-ers Fritz fischt frisch-en Fisch, frisch-en Fisch fischt Fisch-ers Fritz.

Kommt er heim ruft er: "Zu Tisch! Wer mag Fritz-ens frisch-en Fisch?"

 **Achte auf das Kreuz am Anfang der Reihe.**

Zu dem Lied kannst du folgenden Rhythmus trommeln, klatschen oder auf der d-Saite spielen:

Schau nur, wie die Fische springen

Melodie und Text: Burkhard Wolters

Schau nur, wie die Fi-sche spring-en und ein schö-nes Lied-chen sin-gen!

Zi-schen durch die hel-le Flut, hey, das könn' sie gut.

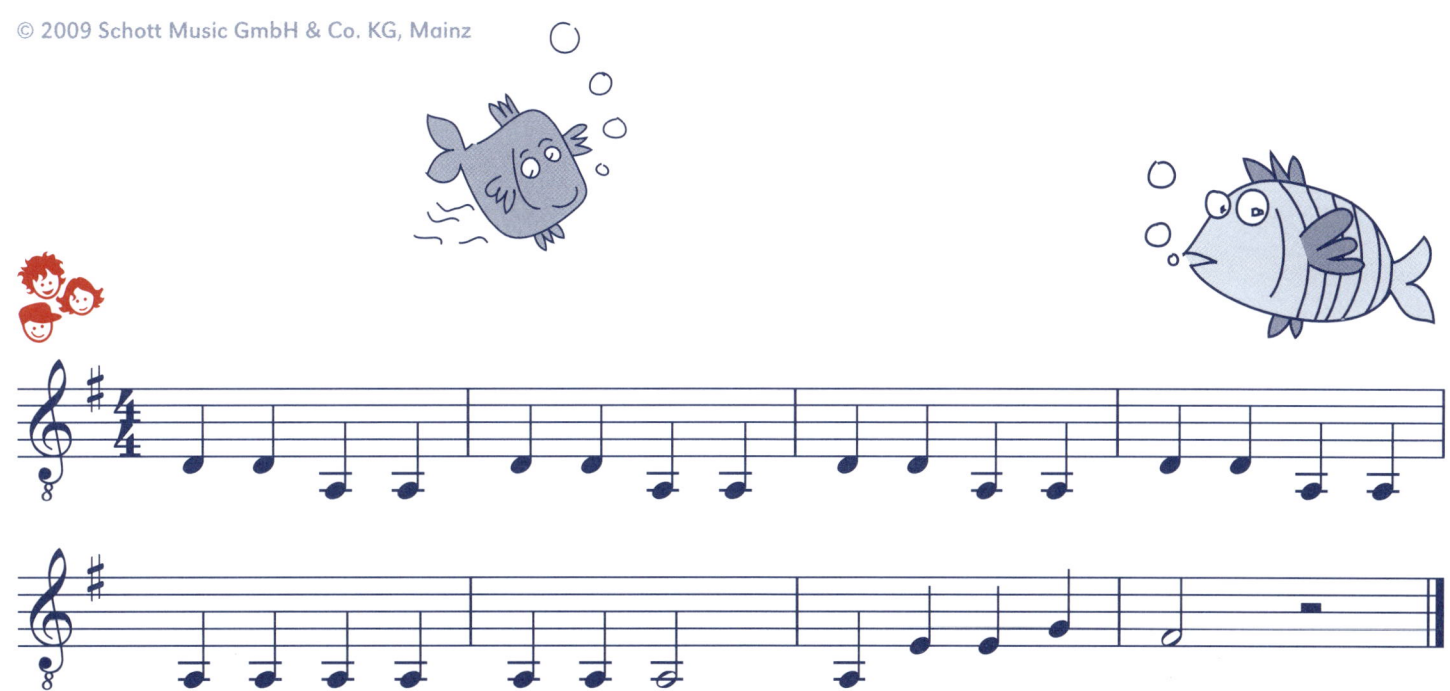

43

König Fröhlich

Melodie und Text: Burkhard Wolters

1. Kennt ihr die Ge-schich-te, von dem war-men Land,

die ich jetzt be-rich-te, hört, sie fängt jetzt an!

2. Dort lebte ein König,
der sehr fröhlich war.
Sorgen gab es wenig,
es war wunderbar.

3. Freunde kamen viele,
kamen jeden Tag,
wollten mit ihm spielen,
hört, woran es lag:

4. Er war niemals geizig,
konnt' mit allen teil'n.
Ihm war's auch nicht wichtig,
Erster nur zu sein.

5. Ist er so geblieben,
ist er nicht allein,
werden dort im Süden
Freunde bei ihm sein.

 Spiele noch mal das Lied „König Einsam" auf Seite 37.
Was klingt bei „König Fröhlich" anders?

Der Zwillingston

 Auf der Gitarre gibt es Töne die gleich
klingen und aufgeschrieben werden,
die aber unterschiedlich gespielt werden.

Das g kann man auch so spielen:

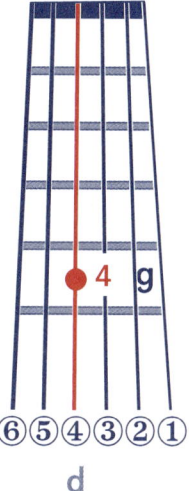

Melodie und Text: Michael Dartsch

Schau - keln, schau - keln, hin, her, her, hin,

und dann auch mal schnel-ler schau-keln bis ich rich - tig schwind'-lig bin.

© 2010 Schott Music GmbH & Co. KG, Mainz

 Spiele noch mal die Lieder
„Gut gemacht" (S.14), „Glockenklang" (S.15), „Lecker Obst" (S. 29) und
„Spiel den Blues" (S. 40).

 Jetzt spielt der Kleine Finger das g. Du kannst mit dem Bleistift
eine 4 über jede g-Note schreiben.

Das Auflösungszeichen

Das Auflösungszeichen ♮ zeigt:

Das ♯ gilt nicht mehr.

Wollen wir den Fisch befrei'n

Melodie und Text: Burkhard Wolters

Wol-len wir den Fisch be-frei'n, schnei-den wir ein Loch,

in das lan-ge Netz hi-nein, är-gert sich der Koch.

Dort im Wilden Westen

Melodie und Text: Burkhard Wolters

Dort im wil-den Wes-ten, da spielt man am bes-ten

ei-nen klei-nen Blues, gleich zum Mor-gen-gruß. gruß.

 Wer kann das g in dem Lied mit dem kleinen Finger spielen?

 Zu dem Lied kannst du folgenden
Rhythmus trommeln oder klatschen:

Mein Hut der hat drei Ecken

Melodie und Text: überliefert

Mein Hut, der hat drei E - cken, drei E - cken hat mein Hut,

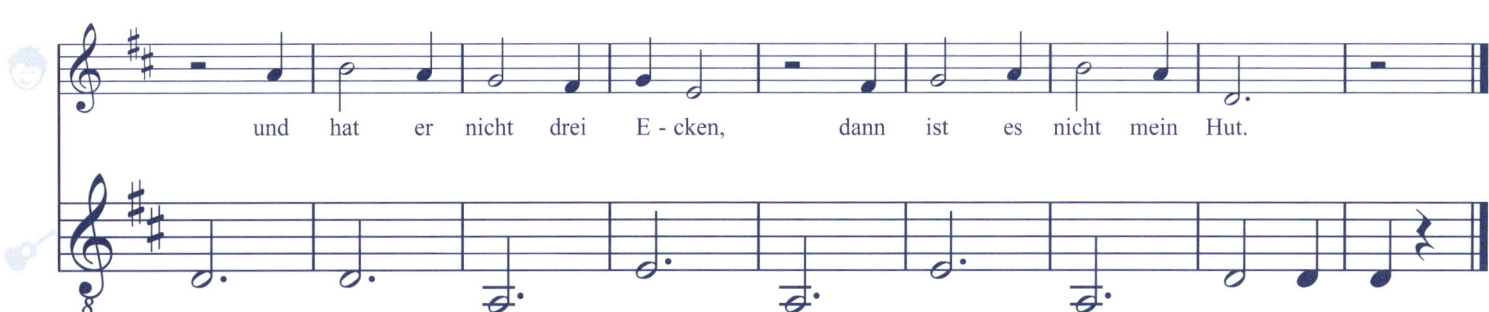

und hat er nicht drei E - cken, dann ist es nicht mein Hut.

Die Achtelnoten

Die Achtelnote: ♪

Achtelnoten werden doppelt so schnell wie Viertelnoten gespielt. ♪ + ♪ = ♩

Wenn mehrere Achtelnoten hintereinander stehen, werden sie mit Balken verbunden:

oder

Der Achtelnoten-Zug

Melodie und Text: Burkhard Wolters

ti - ti - ti - ti, Ach - tel- no - ten | sind zwar schnell, doch nicht ver-bo-ten. |

ti - ti - ti - ti, fah - ren sie im | Schnell-zug bis nach Ri - mi - ni. |

Gewonnen!

Melodie und Text: Burkhard Wolters

Eins, zwei, mach ihn rein, wir woll'n heute Sie-ger sein! Drei, vier, hol ihn dir,

und dann heißt es: ab da für! Fünf, sechs, sie-ben, acht, hörst du wie die Schwarte kracht?

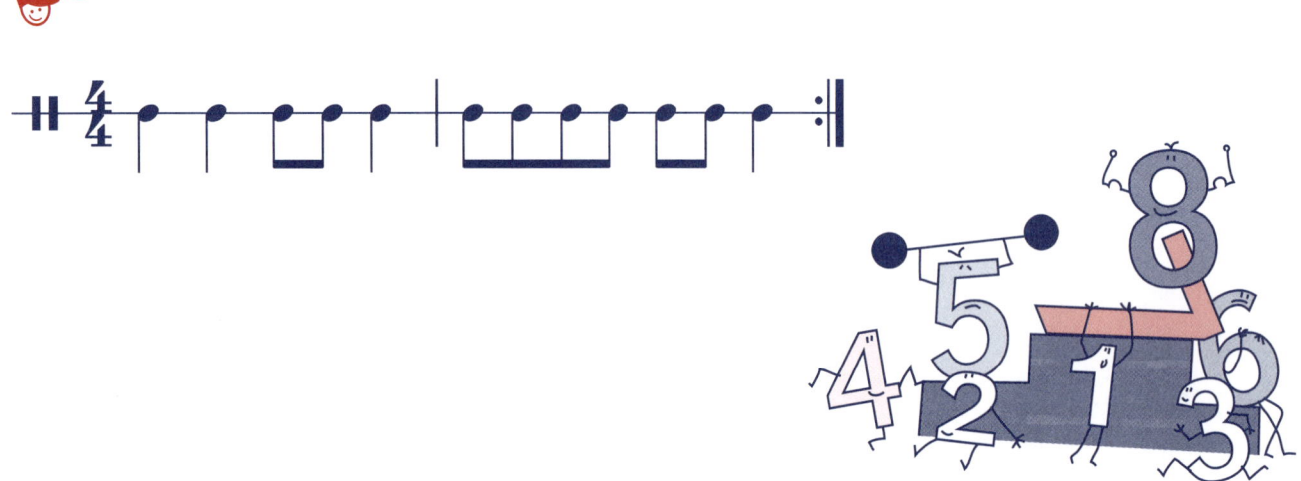

Ekmek buldum

1. Ek - mek bul-dum, Ka - tık_ yok, ka - tık_ bul -dum ek - mek yok.

2. Odun buldum, kibrit yok, kibrit buldum, odum yok.
3. Para buldum, cüzdan yok, cüzdan buldum, para yok.

**Etwas fehlt immer zu Hause. Das Lied erzählt von einem
Menschen, der beim Einkaufen immer etwas vergisst.**

1. Brot hab ich da, doch fehlt mir das Salz.
   Hab ich das Salz, dann fehlt das Brot..
2. Holz hab ich da, das Feuer ist aus.
   Brennt's Feuer hell, dann fehlt das Holz.
3. Geld hab ich da, der Beutel fehlt mir.
   Hab ich den Beutel, fehlt das Geld.

Kleiner- und Zeigefinger auf der Wippe

Text: Michael Dartsch

Wip - pen, wip - pen, hin, her, her, hin,

und dann auch mal schnel-ler wip - pen bis ich rich - tig schwind'- lig bin.

**Spiel noch mal das Lied „Ekmek buldum".
Versuche das g immer mit dem kleinen Finger zu greifen!**

Das neue a

 Das neue a greifen wir mit dem Zeigefinger
auf dem 2. Bund der g-Saite.
Zeichne die Stelle in das Griffbild ein.

Das neue a klingt anders als das A,
das du schon kennst.
Hörst du den Unterschied?

So wird das a
aufgeschrieben:

⑥⑤④③②①

Kleines a und großes A

Melodie und Text: Burkhard Wolters

Klei - nes   a   und   gro - ßes   A   hat - ten   ei - ne   Ka - me - ra.

Klei - nes   a sprach: "Pass gut auf,   ich will mit auf's   Fo - to drauf!"

Im Märzen der Bauer

Melodie und Text: überliefert

Im Mär - zen der Bau - er die Röss - lein ein - spannt; er

setzt sei - ne Fel - der und Wie - sen in - stand. Er

pflü - get den Bo - den, er eg - get und sät und

rührt sei - ne Hän - de früh - mor - gens bis spät.

Oma singt laut Rock and Roll

Melodie, Text und Begleitung : Burkhard Wolters

1. O - ma singt laut Rock and Roll, O - pa hat die Na - se voll,

denn er hat ja kei - nen Bock auf den viel zu lau - ten Rock.

Wenn sie die Mu - sik auf - dreht, klaut er ihr das Höhr - ge - rät.

2. Oma wird ganz wunderbar
über Nacht zum Superstar
und verdient 'ne Menge Geld
auf den Bühnen dieser Welt.
Massen jubeln Oma zu,
Opa findet keine Ruh'.

3. Opa denkt: „Jetzt mach ich mit"
und schreibt einen Riesen-Hit,
dann kauft er ein Glitzerhemd
und steigt ein in Omas Band,
tourt mit Oma um die Welt,
spielt Gitarre wie ein Held.

Guten Appetit

Melodie und Text: Burkhard Wolters

1. Ku - ni - bert aus Karls - ruh' aß gern al - te Turn - schuh.

Wur - de ihm da - bei zu heiß, trank er auch den So - cken-schweiß.

Gu - ten Ap - pe - tit, da es - se ich nicht mit!

2. Hanna aus Hannover
aß gern alte Sofa,
trank dazu noch Pfützensaft,
glaubte, das gäb Muskelkraft.
Guten Appetit, da esse ich nicht mit!

3. Harribert aus Hettstedt
aß gern schwarzes Bratfett,
trank dazu noch obendrein
alten, zähen Schneckenschleim.
Guten Appetit, da esse ich nicht mit!

4. Lecker Obst, Gemüse
von der grünen Wiese,
Pizza, Pasta und Pommes frites,
Schokolade und Lakritz.
Guten Appetit, da esse ich gern mit!

Ist ein Mann in Brunn' gefallen

Melodie und Text: überliefert

Ist ein Mann in Brunn' ge - fal - len, hab ihn hö - ren plump - sen.

1 - 1 - 2 rief ich schnell an, der Mann wär sonst er - trun - ken.

Coole Typen rocken ab

Dieses Lied heißt eigentlich „Fing mir eine Mücke heut".
Zur Melodie passt auch der neue Text.

Melodie: aus Ungarn; Text: Burkhard Wolters

1. Coo - le Ty - pen ro - cken ab, zu - pfen auf den Sai - ten;

ma - chen me - ga Su - per - sound, hörst sie schon von Wei - tem.

Wenn wir auf der Büh - ne stehn und die Mas - sen to - ben,

könn' wir stolz nach Hau - se gehn und uns sel - ber lo - ben.

2. Üben woll'n wir jeden Tag,
bis die Finger schwitzen,
bis sie locker, leicht und schnell
übers Griffbrett flitzen.
Wenn wir auf der Bühne steh'n …

3. „Wer ist diese coole Band?",
werden viele fragen.
„Ja, wir heißen ………………!",
können wir dann sagen.
Wenn wir auf der Bühne steh'n …

Überlegt euch einen Namen für eure Band!

 Damit das Lied schön fetzig klingt brauchen wir mindestens drei rockige Gitarristen, die zusammen die folgenden drei Begleitstimmen dazu spielen:

Rockgitarre 1: usw.

Rockgitarre 2: usw.

Rockgitarre 3: usw.

Bildgeschichte „Spuren"

Schaut euch die Bilder an und denkt euch eine Geschichte dazu aus.
Welche Klänge und Töne passen zu den Tieren? Und wie klingt der Zoowärter?

Brücke

Melodie, Text und Begleitung : Burkhard Wolters

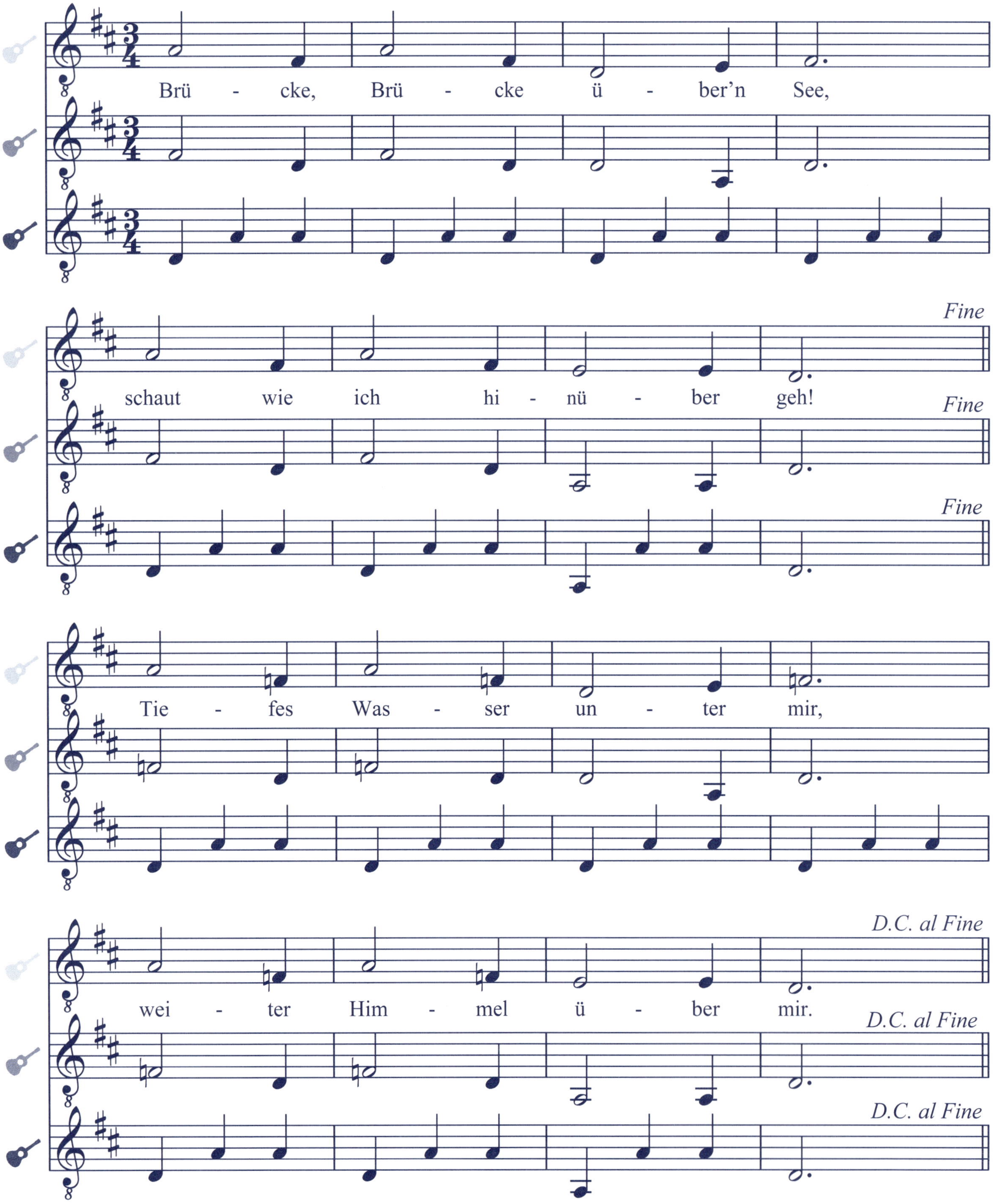

Brü - cke, Brü - cke ü - ber'n See,

Fine

schaut wie ich hi - nü - ber geh!

Tie - fes Was - ser un - ter mir,

D.C. al Fine

wei - ter Him - mel ü - ber mir.

Fine (italienisch) bedeutet *Ende.*

Da Capo (italienisch) bedeutet *von Anfang.*

Meistens liest du es so: *Da Capo al Fine* **oder** *D. C. al Fine.*

Das bedeutet dann: wenn du bei *D. C. al Fine* **angekommen**

bist, beginne das Stück wieder von vorne und spiele bis *Fine.*

Jeder spielt so gut er kann

Melodie und Text: Gunild Keetman, Carl Orff

Je - der spielt so   gut er kann,   und jetzt ist der   Näch-ste dran.

Je - der spielt so   gut er kann,   und jetzt wa - ren   al - le dran.

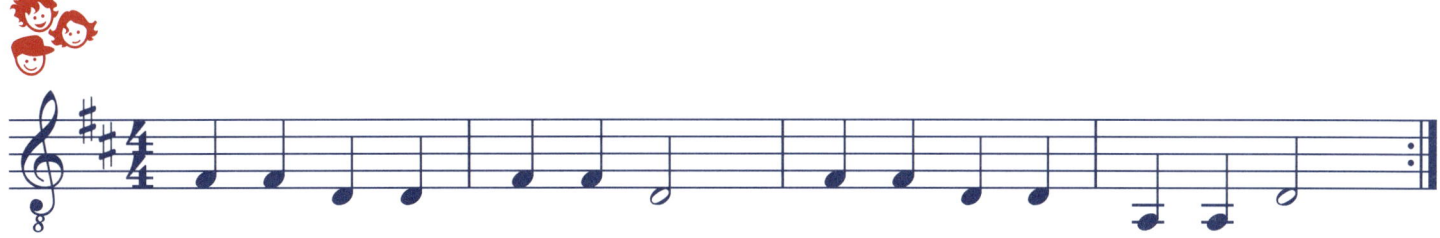

Jeder darf mal ein Solo spielen.

Die h-Saite

Die h-Saite ist die Saite ② auf deiner Gitarre.

So wird der Ton h aufgeschrieben:

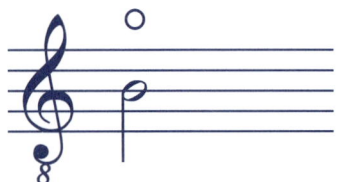

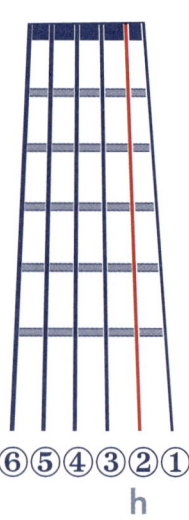

⑥⑤④③②①
h

Ha-Ha-Haifischzahn

Melodie und Text: Burkhard Wolters

Ha - Ha - Hai-fisch-zahn, hat der Hai sich weh-ge-tan,

Ha - Ha - Ha-sen-dreck, in hun-dert Jahr'n ist al-les weg.

Wo bist du?

Melodie und Text: Burkhard Wolters

tutti   solo

Hal - lo, wo bist du? Bin im Bett, lasst mich in Ruh!

Die ganze Note

Die ganze Note: ○

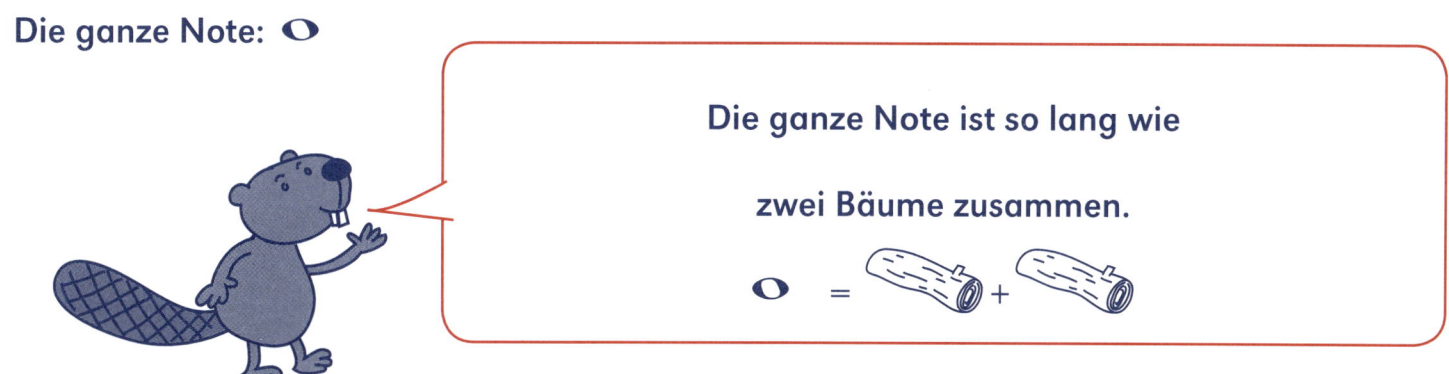

Die ganze Note ist so lang wie

zwei Bäume zusammen.

Der ganze Noten-Zug

Text: Burkhard Wolters

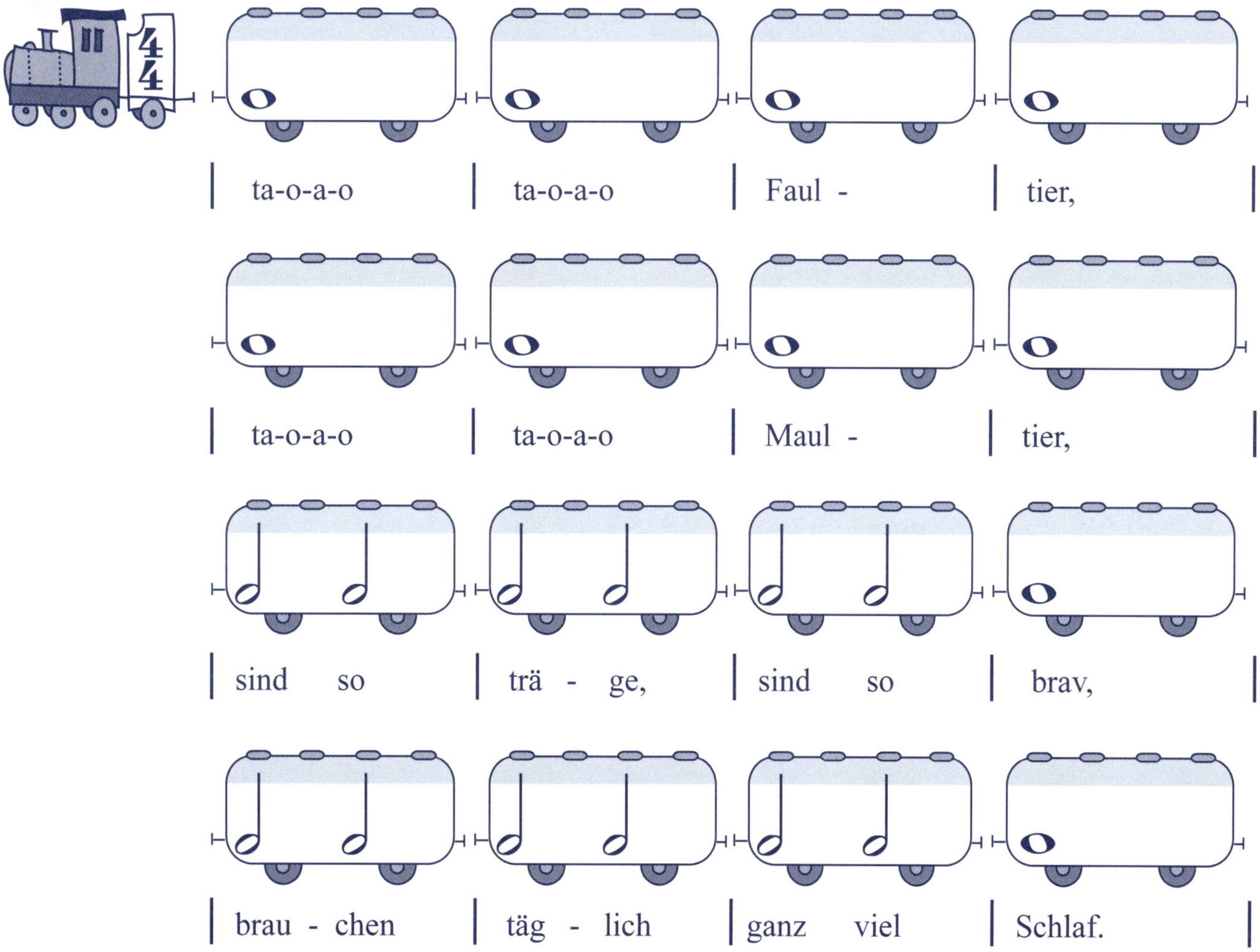

ta-o-a-o	ta-o-a-o	Faul -	tier,
ta-o-a-o	ta-o-a-o	Maul -	tier,
sind so	trä - ge,	sind so	brav,
brau - chen	täg - lich	ganz viel	Schlaf.

Alle meine Entchen

Melodie: überliefert; Text: Gustav Eskuche (1865 – 1917)
Begleitung: Burkhard Wolters

Al - le mei-ne Ent - chen, schwim-men auf dem See, schwim-men auf dem

See, Köpf-chen in das Was - ser, Schwänz-chen in die Höh.

**Kannst du „Alle meine Entchen" auch „piano" spielen?
Was heißt das denn noch mal?**

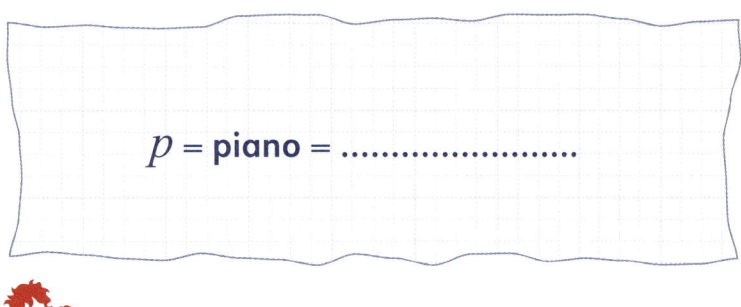

p = piano = ...

Der 2/4 Takt

Die Taktangabe $\frac{2}{4}$ zeigt dir, dass hier in jeden Takt zwei Viertelnoten passen.

1 Waggon = 1 Takt

2 Viertelnoten in einem Waggon = ein 2/4 Takt

Der Zweivierteltakt-Zug

Text: Burkhard Wolters

| ta ti - ti, | ta ti - ti, | Zwei-vier-tel- | Takt, (still) |

| ta ti - ti, | ta ti - ti, | Ta-sche ge- | packt. (still) |

| ta ti - ti, | ta ti - ti, | wir fah-ren | weg, (still) |

| ta ti - ti, | ta ti - ti, | Spaß im Ge- | päck. (still) |

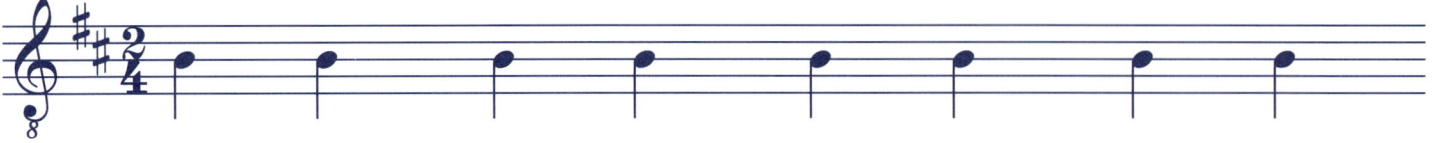

Sascha liebt' nicht große Worte

Melodie und Text: überliefert;

Sa - scha liebt' nicht gro - ße Wor - te, denn er war von eig' - ner Sor - te,

konn - te hoch im Bo - gen spu - cken und auch mit den Oh - ren zu - cken.

1.   2.

Nja nja nja, nja nja nja, nja nja nja nja nja nja nja. nja, hey!

In jeden Takt passen zwei Viertelnoten.
Trage in die Noten die fehlenden Taktstriche ein.

Auf der Mauer

Melodie und Text: überliefert

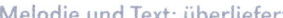

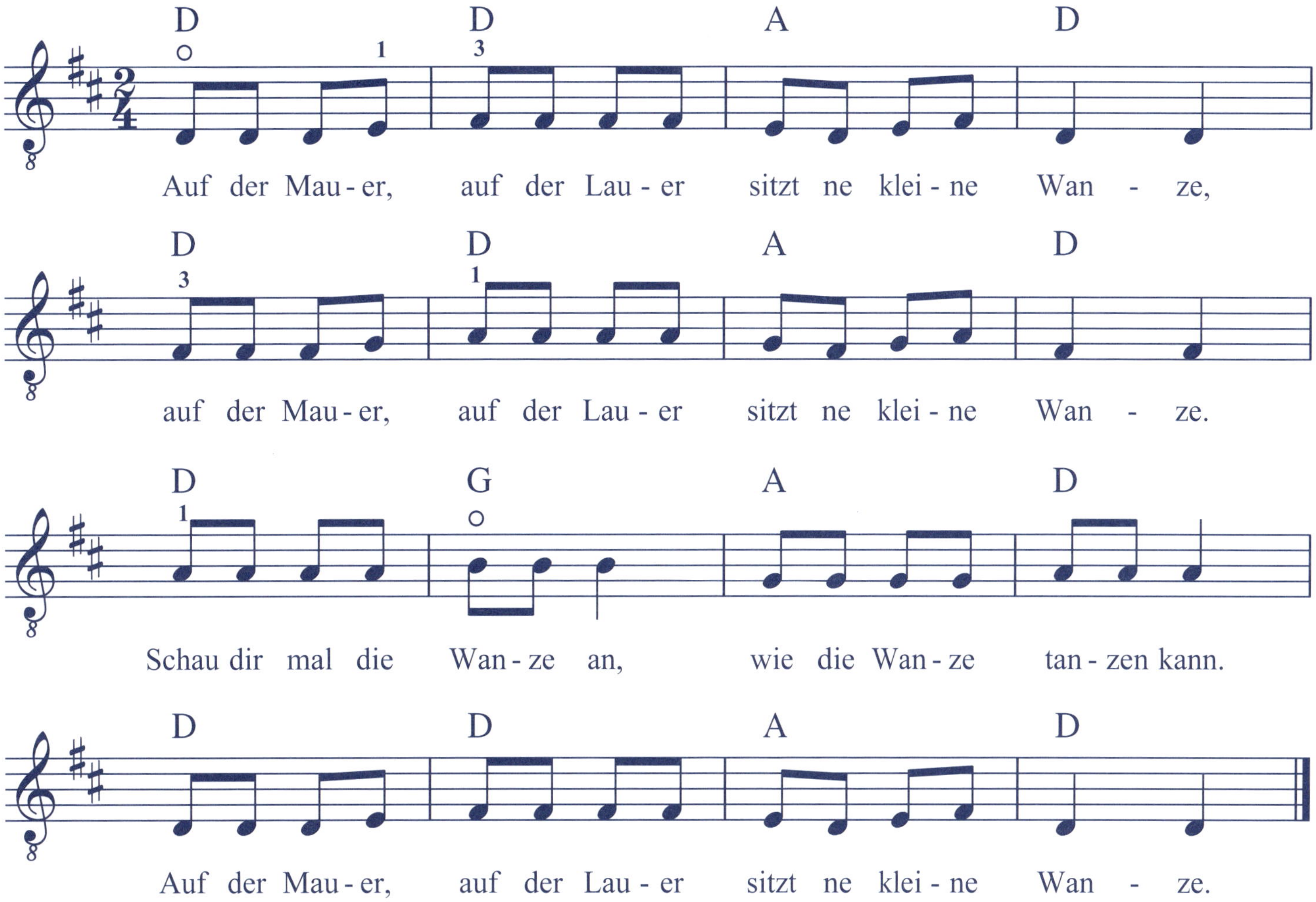

D D A D
Auf der Mau-er, auf der Lau-er sitzt ne klei-ne Wan-ze,
D D A D
auf der Mau-er, auf der Lau-er sitzt ne klei-ne Wan-ze.
D G A D
Schau dir mal die Wan-ze an, wie die Wan-ze tan-zen kann.
D D A D
Auf der Mau-er, auf der Lau-er sitzt ne klei-ne Wan-ze.

Singe das Lied und begleite dich dazu auf der Gitarre. Die Buchstaben über den Noten zeigen dir, welche Saiten du zur Begleitung anschlagen sollst.

Kannst du „Auf der Mauer auf der Lauer“ auch „forte“ spielen? Was heißt das denn noch mal?

f = forte = ...

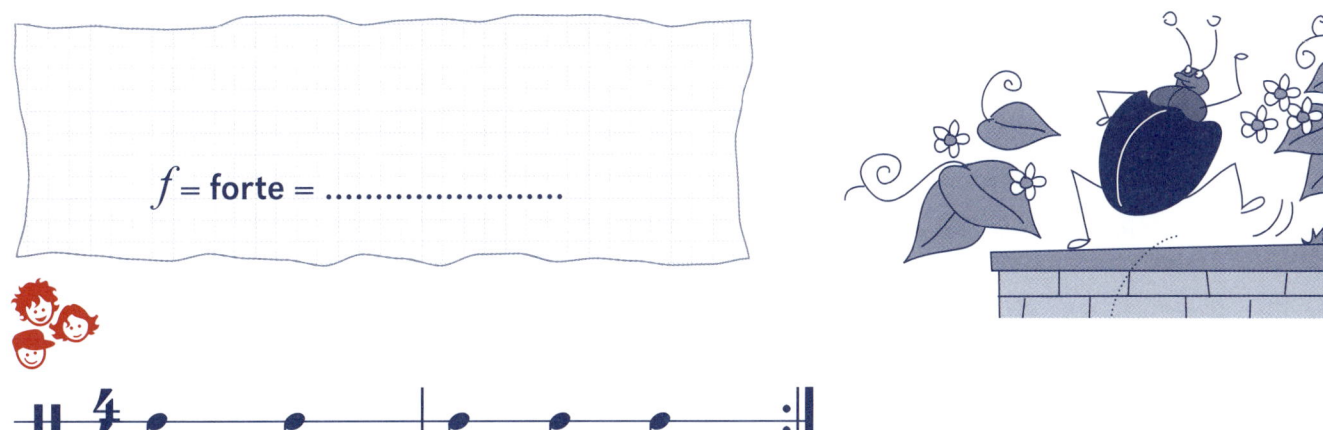

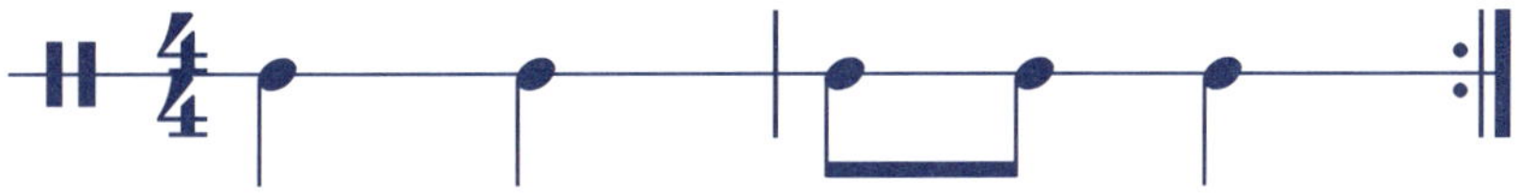

Mary hat ein kleines Lamm

Melodie und Text: aus England

| D | D | D | D | A | A | D | D |

f

Ma - ry hat ein   klei - nes Lamm,   klei - nes Lamm,   klei - nes Lamm.

| D | D | D | D | A | A | D |

Ma - ry hat ein   klei - nes Lamm, das   Fell ist weiß wie   Schnee.

| d | d | A | d |

p

Ma - ry hat ihr   Lamm ver-lor'n,   Lamm ver-lor'n,   Lamm ver-lor'n.

| d | d | A | d |

Ma - ry hat ihr   Lamm ver-lor'n, das   Fell war weiß wie   Schnee.

| D | D | D | D | A | A | D | D |

f

Ma - ries Lamm ist   wie - der da,   wie - der da,   wie - der da.

| D | D | D | D | A | A | D |

Ma - ries Lamm ist   wie - der da, das   Fell ist weiß wie   Schnee.

Hast du die Zeichen für laut und leise im Lied gesehen?

**Die Buchstaben über den Noten sagen dir wieder,
mit welchen Saiten du die Melodie begleiten kannst.**

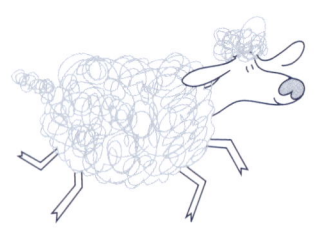

Der Kuckuck und der Esel

Der Ku-ckuck und der E - sel, die hat - ten ei - nen Streit, wer—

wohl am bes - ten sän - ge wer— wohl am bes - ten sän - ge, zur

schö - nen Mai - en zeit,——— zur schö - nen Mai - en - zeit.

Atte katte nuwa

Melodie und Text: überliefert

 Welche beiden Taktarten findest du in dem Lied? Schreibe sie hier auf :

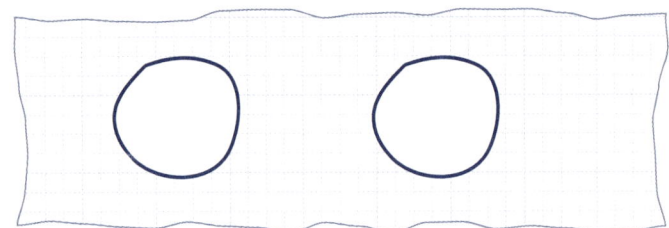

Was bedeutet noch mal D.C. al Fine?

Marko skace

Melodie und Text: aus Slowenien

Die ganze Pause

Die ganze Pause ▬ dauert so lange,

wie eine ganze Note 𝅝 klingt.

Der ganze Pausen-Zug

Text: Burkhard Wolters

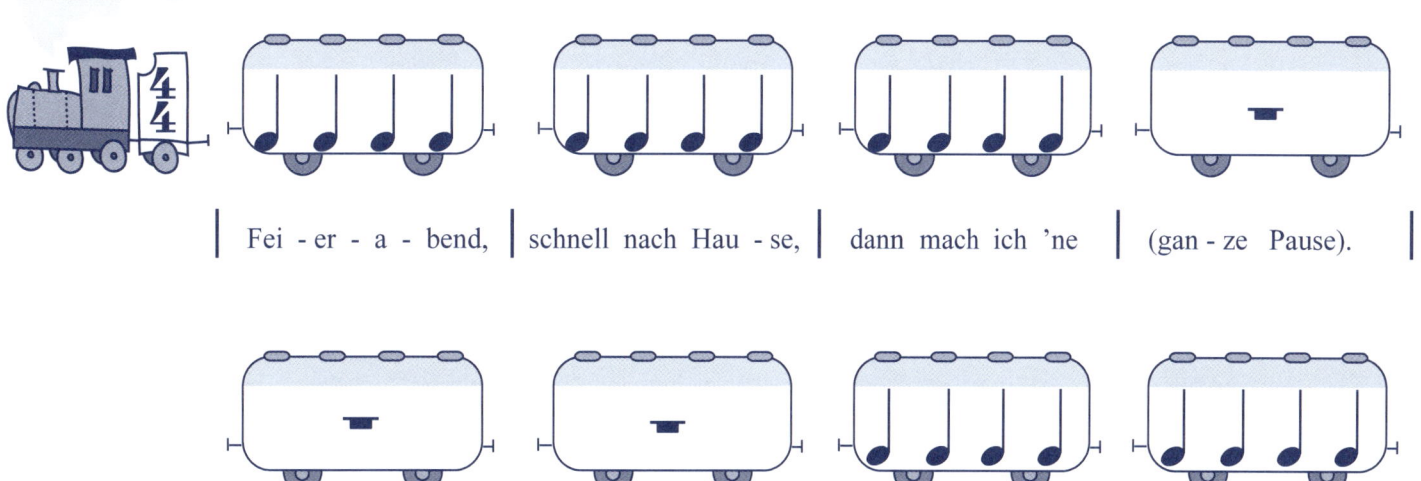

Fei - er - a - bend, | schnell nach Hau - se, | dann mach ich 'ne | (gan - ze Pause).

(gan - ze Pause) | (gan - ze Pause) | Ich bleib heu - te | ganz zu Hau - se.

**Wenn mehrere Takte hintereinander Pause ist,
wird das beispielsweise so aufgeschrieben:**

3
| ▬ | = 3 Takte Pause hintereinander.

Ensemble Kunterbunt
Diese beiden Lieder kannst du mit allen anderen Instrumenten gemeinsam spielen.

Maçka Yollari

Melodie und Text: aus der Türkei

Oy!_____ Maç-ka Yol-la - rı Taş-lı,___ ge-li-yor ka-lem kaş-lı.

Ne de-dum da da -rul-dun böy-le göz-le - rin yaş-lı.

So kannst du das Lied auf der Gitarre begleiten:

Arrangement: Thomas Krause

Spuren

Melodie und Text: Thomas Krause

Vor- und Zwischenspiel   Lied

Kal - ter Zeh, Spu - ren sind im Schnee;
braun - ge - brannt, Spu - ren sind im Sand. Plitsch, plitsch, platsch,
Spu - ren sind im Matsch!

Nachspiel

So kannst du das Lied auf der Gitarre begleiten:

Vor- und Zwischenspiel

Arrangement: Thomas Krause

Lied

Nachspiel

Hier können dein Lehrer und du noch weitere Lieder aufschreiben.

Hier können dein Lehrer und du noch weitere Töne eintragen, die in diesem Band noch nicht vorgekommen sind.

Der Ton ....
wird so aufgeschrieben:

⑥⑤④③②①

Der Ton ....
wird so aufgeschrieben:

⑥⑤④③②①

Der Ton ....
wird so aufgeschrieben:

⑥⑤④③②①

Der Ton ....
wird so aufgeschrieben:

⑥⑤④③②①

Der Ton ....
wird so aufgeschrieben:

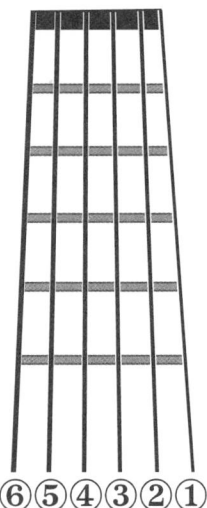

Der Ton ....
wird so aufgeschrieben:

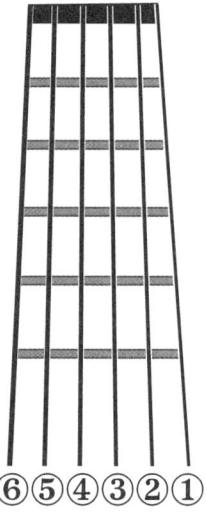
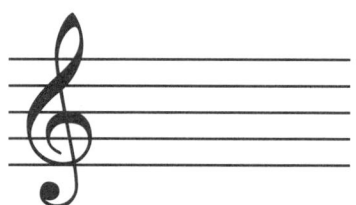

Der Ton ....
wird so aufgeschrieben:

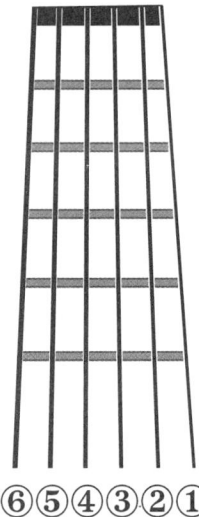
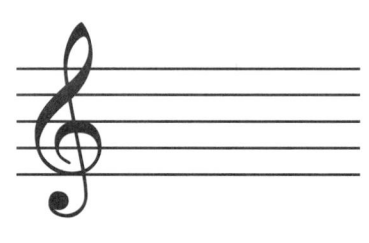

Der Ton ....
wird so aufgeschrieben:

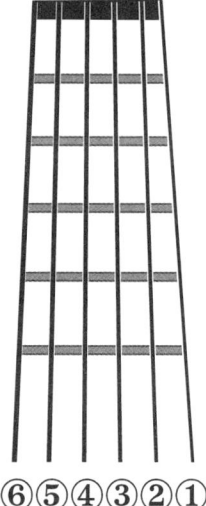

Lieder